Hans-Peter Oswald:

1A Markenschutz durch Künstliche Intelligenz

So schützen Sie Ihre Marken und Firmennamen mit GlobalBlock

Inhaltsverzeichnis

Einleitung 4
Kapitel 1: Digitale Bedrohungen für Marken 6
Kapitel 2: GlobalBlock: Schutz für Marken 10
Kapitel 3: Verwaltung der digitalen Identität 15
Kapitel 4: Sicherheitsfunktionen: GlobalBlock+ 21
Kapitel 5: Hauptmerkmale von GlobalBlock 27
Kapitel 6: Vorteile: Effizienz & Flexibilität 33
Kapitel 7: Vergleich mit DPML 39
Kapitel 8: Fallbeispiele & Anwendungsbereiche 43
Kapitel 9: Für Prominente & öffentliche Personen 49
Kapitel 10: Für unregistrierte Marken 55
Kapitel 11: Cybersquatting & Phishing 61
Kapitel 12: Einsatz von GlobalBlock 66

Kapitel 13: Zukunft des Markenschutzes 71

Kapitel 14: Für KMUs 76

Kapitel 15: Für globale Konzerne 81

Kapitel 16: GlobalBlock in der Markenstrategie 86

Kapitel 17: Rechtlicher Rahmen im digitalen Raum 91

Kapitel 18: Integration von Web3-Technologien 97

Kapitel 19: Wirtschaftliche Vorteile 102

Kapitel 20: Langfristige Investition 107

Kapitel 21: Vertrauen & Sicherheit für Marken 112

Kapitel 22: Rolle in der digitalen Transformation 117

Kapitel 23: Automatisierung mit GlobalBlock 122

Kapitel 24: GlobalBlock+ & Internetmanagement 127

Kapitel 25: Markenschutz durch KI 130

Kapitel 26: Premilinary Report: Schutzanalyse 133

Einleitung

In einer Zeit, in der Marken nicht nur Identifikationsmerkmale eines Unternehmens, sondern auch strategische Vermögenswerte darstellen, ist der Schutz dieser Marken wichtiger denn je. Marken sind das Gesicht eines Unternehmens, das Vertrauen der Kunden und die Basis vieler Geschäftsmodelle. Doch mit der fortschreitenden Digitalisierung und der zunehmenden Globalisierung sehen sich Unternehmen weltweit einer wachsenden Zahl von Herausforderungen gegenüber. Vom Markenmissbrauch über Identitätsdiebstahl bis hin zu rechtlichen Auseinandersetzungen – die Risiken sind vielfältig und komplex.

GlobalBlock tritt an, um diesen Herausforderungen entschlossen entgegenzutreten. Mit innovativer Technologie, die auf modernster Blockchain-Architektur basiert, bietet GlobalBlock Unternehmen eine Plattform, die weit über herkömmliche Schutzmaßnahmen hinausgeht. Es handelt sich nicht nur um ein Werkzeug, sondern um eine ganzheitliche Lösung, die den Schutz von Marken und Firmennamen neu definiert.

Mit GlobalBlock+ blockieren Sie nicht nur Ihre Marken oder Firmennamen, sondern zehntausende Varianten davon. Wer sich für Globalblock+ entscheidet, beherrscht für seine Begriffe das Internet. Die Technologie, die dahinter steckt, beruht auf Künstlicher Intelligenz.

Dieses Buch wird Ihnen nicht nur die Grundlagen des Markenschutzes und die Funktionsweise von GlobalBlock näherbringen, sondern auch aufzeigen, wie Sie die Technologie nutzen können, um Ihre Marke nachhaltig zu sichern und Ihr Unternehmen vor Bedrohungen zu schützen. Dabei gehen wir auf praktische Beispiele ein, teilen Erfolgsstrategien und geben Einblicke in die Zukunft des Markenschutzes.

Ob Sie ein kleines Start-up oder ein etabliertes Unternehmen sind – die Informationen in diesem Buch werden Ihnen helfen, Ihre Marke auf das nächste Level zu bringen und sie gegen die Herausforderungen der modernen Geschäftswelt zu wappnen.

Es ist nach wie vor möglich, mit DPML ihren Marken im Internet zu schützen. DPML ist nicht so leistungsfähig wie GlobalBlock, aber dafür kostengünstig.

Lesen Sie mehr zu DPML:

https;//www.domainregistry.de/dpml.html

Falls Sie Interesse an Lösungen zur Stärkung Ihres Marken- und Domain-Portfolios haben, können Sie uns direkt per Telefon oder E-Mail erreichen.
Telefon: 0221 2571213
E-Mail: secura@domainregistry.de

https://www.domainregistry.de/globalblock.html

Kapitel 1: Die digitale Bedrohung für Marken

In der heutigen digital vernetzten Welt sind Marken stärker denn je den Gefahren von Missbrauch und Manipulation ausgesetzt. Mit der zunehmenden Verlagerung von Geschäftsmodellen und Kundenerfahrungen ins Internet steigt das Risiko, dass Dritte versuchen, den Ruf und die Identität einer Marke zu schädigen. Dieser Bedrohung durch Cybersquatting, Phishing und Markenpiraterie stehen Unternehmen jedoch nicht wehrlos gegenüber – innovative Schutzmechanismen wie GlobalBlock bieten die Möglichkeit, sich effektiv zu verteidigen.

1.1 Die Gefahr durch Cybersquatting

Cybersquatting bezeichnet die Praxis, Domainnamen zu registrieren, die identisch mit oder ähnlich wie bekannte Marken oder Firmennamen sind, oft mit dem Ziel, finanziellen Gewinn zu erzielen oder Schaden zu verursachen. Ein typisches Szenario ist, dass eine Drittpartei eine Domain registriert, die beispielsweise den Namen eines renommierten Unternehmens wie "MarkeABC.com" enthält, und diese dann teuer zurückverkauft oder für betrügerische Zwecke einsetzt.

Für Unternehmen kann dies erhebliche Konsequenzen haben:

- **Rufschädigung**: Kunden könnten über solche Domains auf betrügerische Seiten geleitet werden, was das Vertrauen in die Marke beeinträchtigen könnte.

- **Finanzielle Verluste**: Markeninhaber müssen oft erhebliche Beträge zahlen, um solche Domains zurückzukaufen.
- **Rechtliche Herausforderungen**: Zwar gibt es rechtliche Schutzmechanismen wie die Uniform Domain-Name Dispute-Resolution Policy (UDRP), aber der rechtliche Kampf um Domainnamen kann zeitaufwendig und teuer sein.

Die Zahl der Cybersquatting-Fälle hat sich in den letzten Jahren vervielfacht, insbesondere mit der Einführung neuer Top-Level-Domains (TLDs), die Kriminellen eine größere Auswahl an Möglichkeiten bieten.

1.2 Markenpiraterie im digitalen Raum

Ein weiteres wachsendes Problem ist die Markenpiraterie. Hierbei handelt es sich um die absichtliche Nachahmung oder den Missbrauch von Markennamen, um den Eindruck zu erwecken, dass es sich um ein offizielles Produkt oder eine Dienstleistung handelt. Die Absicht kann darin bestehen, Kunden zu täuschen, schädliche Software zu verbreiten oder Phishing-Angriffe durchzuführen.

Ein besonders besorgniserregendes Beispiel für Markenpiraterie ist die Registrierung von sogenannten **Look-alike-Domains**. Diese Domains sehen dem Original zum Verwechseln ähnlich – etwa durch den Einsatz von Homoglyphen (z. B. "g1obalblock.com" statt "globalblock.com") – und werden oft genutzt, um unaufmerksame Nutzer zu betrügen. Diese betrügerischen Domains können erhebliche Schäden verursachen, sowohl für das Unternehmen als auch für seine Kunden.

1.3 Phishing: Eine wachsende Gefahr

Phishing-Angriffe sind eine der häufigsten Formen des Cyberbetrugs, bei denen gefälschte Websites oder E-Mails eingesetzt werden, um persönliche oder finanzielle Daten von Nutzern zu stehlen. Für Unternehmen ist es entscheidend, ihre digitalen Assets so abzusichern, dass sie nicht ungewollt Teil solcher Angriffe werden.

Phishing-Domains sind oft so gestaltet, dass sie den Eindruck erwecken, von einer bekannten Marke oder einem vertrauenswürdigen Unternehmen zu stammen. Ein Kunde, der auf eine solche Domain stößt, könnte leicht getäuscht werden und sensible Informationen preisgeben, was nicht nur dem Kunden schadet, sondern auch dem Ruf der Marke.

1.4 Die Rolle neuer Top-Level-Domains

Die Einführung neuer TLDs wie ".shop", ".online" oder ".web3" hat den digitalen Raum erweitert, bringt aber auch neue Herausforderungen mit sich. Diese Erweiterung erhöht die Anzahl potenzieller Bedrohungen, da Markeninhaber nun eine noch größere Anzahl von Domainendungen überwachen müssen, um ihre Marke zu schützen. Dies ist ohne ein systematisches

Schutzprogramm kaum möglich und erfordert erhebliche Ressourcen.

1.5 Warum Marken eine digitale Schutzstrategie brauchen

Angesichts dieser Bedrohungen ist es für Unternehmen unerlässlich, eine umfassende Schutzstrategie für ihre Marken zu entwickeln. Ein ungeschützter Markenname kann nicht nur finanzielle und rechtliche Konsequenzen haben, sondern auch langfristige Schäden für das Image und die Kundenbindung verursachen.

GlobalBlock und ähnliche Dienste bieten eine Lösung, um die digitale Identität von Marken proaktiv zu schützen. Sie ermöglichen es Unternehmen, sowohl ihre Marken als auch ihre Firmennamen vor unbefugter Registrierung und Nutzung zu bewahren. Dies ist besonders wichtig in einer Zeit, in der digitale Präsenz und Glaubwürdigkeit für den Geschäftserfolg entscheidend sind.

Marken sind im digitalen Zeitalter einer Vielzahl von Bedrohungen ausgesetzt, darunter Cybersquatting, Markenpiraterie und Phishing. Die wachsende Anzahl neuer Domainendungen verschärft diese Probleme zusätzlich. Unternehmen, die ihre Marken online nicht schützen, setzen sich einem erheblichen Risiko aus. Schutzdienste wie GlobalBlock bieten eine robuste Lösung, um diese Herausforderungen zu bewältigen und Marken vor Missbrauch zu schützen.

Kapitel 2: GlobalBlock: Ein umfassender Schutz für Marken

Der Schutz einer Marke ist im digitalen Raum unerlässlich, da die Risiken durch Cybersquatting, Phishing und Markenpiraterie stetig zunehmen. GlobalBlock hat sich als führender Dienst erwiesen, um Unternehmen und Markeninhabern eine effektive Lösung zu bieten. Mit einer Abdeckung, die mehr als 600 Domainendungen umfasst – und in naher Zukunft auf 700 bis 800 TLDs erweitert werden soll – bietet GlobalBlock einen Schutz, der weit über traditionelle Ansätze hinausgeht.

2.1 Eine Lösung für alle Domainendungen

Die Vielfalt der Domainendungen hat in den letzten Jahren dramatisch zugenommen. Neben den klassischen .com-, .net- und .org-Endungen gibt es mittlerweile hunderte neuer TLDs wie .shop, .app, .online oder spezifische Endungen für Regionen und Branchen. Mit der zunehmenden Beliebtheit von Web3-Domains, die auf Blockchain-Technologie basieren, wächst die digitale Landschaft weiter.

Diese Expansion bedeutet jedoch auch, dass Marken sich einem größeren Risiko gegenübersehen. GlobalBlock bietet hier eine einzigartige Lösung: Die Registrierung von Domains, die den Markennamen enthalten, wird über alle unterstützten Domainendungen hinweg blockiert. Dadurch wird sichergestellt, dass niemand die Marke für betrügerische oder unautorisierte Zwecke nutzen kann.

Ein Beispiel verdeutlicht die Tragweite: Ein Unternehmen wie "Musterfirma" müsste normalerweise jede relevante Domainendung einzeln registrieren, um sicherzustellen, dass sie vor Missbrauch geschützt ist – von "musterfirma.com" über "musterfirma.shop" bis hin zu "musterfirma.crypto". Mit GlobalBlock wird dieser Schutz in einer einzigen Transaktion gewährleistet.

2.2 Erweiterte Abdeckung durch GlobalBlock+

GlobalBlock+ geht noch einen Schritt weiter, indem es nicht nur exakte Markennamen schützt, sondern auch Look-alike-Domains und ähnliche Varianten automatisch blockiert. Diese Funktion ist besonders wertvoll, da Betrüger häufig auf ähnliche Schreibweisen und Homoglyphen zurückgreifen, um Nutzer zu täuschen. Beispiele für solche Look-alike-Domains könnten "musterfirma1.com" oder "müstérfirma.com" sein.

Die automatische Blockierung dieser Varianten bietet einen unschätzbaren Vorteil:

- **Prävention von Phishing-Angriffen**: Nutzer werden vor betrügerischen Websites geschützt, die vorgeben, eine offizielle Marke zu repräsentieren.
- **Stärkung der Markenintegrität**: Unternehmen behalten die Kontrolle über ihre digitale Identität, selbst wenn Betrüger versuchen, ähnliche Domains zu registrieren.

2.3 Zukunftssicherer Schutz für Web3-Domains

11

Die Entwicklung von Web3-Domains, die auf Blockchain-Technologie basieren, hat die Art und Weise, wie digitale Identitäten verwaltet werden, verändert. Diese Domains, wie z. B. .crypto oder .eth, spielen eine zentrale Rolle im dezentralen Internet. Für Marken bedeutet dies jedoch ein neues Risiko, da diese Domains von traditionellen Registrierungsverfahren abweichen und in der Blockchain dauerhaft gespeichert werden.

GlobalBlock berücksichtigt diese neuen Herausforderungen und integriert den Schutz für Web3-Domains in sein Angebot. Dies stellt sicher, dass Marken auch in der dezentralen digitalen Zukunft sicher sind.

2.4 Effiziente Verwaltung für Markeninhaber

Ein weiterer Vorteil von GlobalBlock ist die Effizienz, die der Dienst bietet. Statt hunderte oder gar tausende von Domainregistrierungen manuell zu verwalten, ermöglicht GlobalBlock eine zentrale Verwaltung. Dies spart nicht nur Zeit, sondern reduziert auch den administrativen Aufwand und die Kosten.

Mit einer einzigen Blockierungsanfrage können Markeninhaber sicherstellen, dass ihr Name über alle relevanten Domainendungen hinweg geschützt ist. Diese Funktion ist besonders vorteilhaft für:

- **Unternehmen mit globaler Präsenz**, die in verschiedenen Märkten tätig sind.

- **Marken mit häufigen Namensvarianten**, die oft Ziel von Cybersquatting sind.
- **KMUs**, die begrenzte Ressourcen haben und dennoch ihre Marke effektiv schützen möchten.

2.5 Erweiterung auf bis zu 800 TLDs

GlobalBlock plant, die Anzahl der abgedeckten TLDs auf bis zu 800 zu erhöhen. Dies bedeutet nicht nur einen erweiterten Schutz, sondern auch eine größere Flexibilität für Markeninhaber. Je mehr TLDs abgedeckt sind, desto geringer ist das Risiko, dass ungeschützte Domainendungen für betrügerische Zwecke genutzt werden können.

2.6 Der proaktive Ansatz von GlobalBlock

Einer der größten Vorteile von GlobalBlock ist sein proaktiver Ansatz. Während viele traditionelle Schutzdienste nur auf registrierte Marken abzielen und oft reaktiv arbeiten, blockiert GlobalBlock Domains bereits im Vorfeld, bevor ein Missbrauch überhaupt möglich ist. Dies ist ein entscheidender Unterschied, der Markeninhabern nicht nur Zeit, sondern auch Kosten und rechtliche Auseinandersetzungen erspart.

GlobalBlock bietet Markeninhabern einen umfassenden und zukunftssicheren Schutz vor Domainmissbrauch. Mit einer Abdeckung, die derzeit mehr als 600 Domainendungen umfasst und auf bis zu 800 erweitert werden soll, stellt der Dienst sicher, dass Marken im digitalen Raum nicht gefährdet werden. Funktionen wie der Schutz vor Look-alike-Domains und die Unterstützung für Web3-Domains machen GlobalBlock zu einer unverzichtbaren Lösung für Unternehmen, die ihre digitale Identität sichern möchten.

Kapitel 3: Einfache Verwaltung Ihrer digitalen Identität

Der Schutz einer Marke ist nur dann effektiv, wenn er nahtlos und effizient verwaltet werden kann. GlobalBlock hat dieses Prinzip in den Mittelpunkt seiner Dienstleistung gestellt. Die digitale Identität eines Unternehmens umfasst weit mehr als nur einzelne Domains – es geht darum, eine kohärente und geschützte Präsenz über alle relevanten Plattformen und Domainendungen hinweg zu gewährleisten. Mit GlobalBlock wird dieser Prozess nicht nur vereinfacht, sondern auch optimiert.

3.1 Die Herausforderungen bei der Domainverwaltung

In einer zunehmend digitalisierten Welt haben Unternehmen oft mit einer Vielzahl von Domains zu tun. Jede neue Domainendung, die auf den Markt kommt, stellt eine potenzielle Schwachstelle dar. Ohne eine zentrale Strategie ist die Verwaltung dieser digitalen Identität äußerst aufwändig. Einige der typischen Herausforderungen sind:

- **Zeitintensive Prozesse**: Jede Domain muss einzeln registriert und erneuert werden, was eine erhebliche administrative Belastung darstellt.
- **Hohe Kosten**: Die Registrierung zahlreicher Domains kann schnell ins Geld gehen, insbesondere wenn auch weniger genutzte TLDs berücksichtigt werden sollen.
- **Unübersichtlichkeit**: Mit wachsender Anzahl von Domains wird es schwieriger, den Überblick zu

15

behalten, was zu Risiken wie versehentlichem Ablauf oder ungeschütztem Markenraum führen kann.

GlobalBlock setzt hier an und bietet eine zentralisierte Lösung, die Unternehmen von diesen Herausforderungen befreit.

3.2 Effizienz durch zentrale Verwaltung

Mit GlobalBlock können Unternehmen ihre digitale Identität über eine einzige Plattform verwalten. Dies bietet mehrere Vorteile:

- **Reduzierter Verwaltungsaufwand**: Markeninhaber müssen nicht länger jede einzelne Domain separat verwalten. Stattdessen ermöglicht GlobalBlock eine zentralisierte Blockierung über hunderte von TLDs hinweg.
- **Kosteneinsparungen**: Die zentrale Verwaltung spart nicht nur Zeit, sondern reduziert auch die Kosten, da keine unnötigen Registrierungen durchgeführt werden müssen.
- **Automatisierung**: Prozesse wie die Erkennung und Blockierung von Look-alike-Domains werden automatisiert, was das Risiko menschlicher Fehler minimiert.

3.3 Flexible Anpassung an Geschäftsbedürfnisse

GlobalBlock bietet nicht nur Schutz, sondern auch Flexibilität. Domains, die blockiert wurden, können bei Bedarf einfach freigegeben und genutzt werden. Diese Funktion, die als **Domain-Unblock** bezeichnet wird, ermöglicht es Unternehmen, ihre Strategie flexibel anzupassen. Ein Beispiel: Ein Unternehmen kann eine bestimmte Domain blockieren, um sie später für eine Marketingkampagne oder den Eintritt in einen neuen Markt zu nutzen.

Dieser Grad an Anpassungsfähigkeit ist besonders wertvoll für Unternehmen, deren Geschäftsmodelle sich dynamisch entwickeln:

- **Expansion in neue Märkte**: Unternehmen können blockierte Domains für neue regionale oder branchenspezifische Initiativen aktivieren.
- **Rebranding und neue Kampagnen**: Marken können bestehende Domains wieder freigeben, um sie an veränderte Markenstrategien anzupassen.
- **Proaktiver Schutz**: Auch wenn eine Domain aktuell nicht genutzt wird, bleibt sie blockiert und vor Missbrauch geschützt.

3.4 Einfache Implementierung und Verwaltung

GlobalBlock wurde so gestaltet, dass die Implementierung und laufende Verwaltung einfach und benutzerfreundlich sind. Markeninhaber können mit wenigen Klicks ihre gesamte digitale Präsenz absichern. Dies ist besonders wichtig für kleine und mittelständische Unternehmen, die

17

möglicherweise nicht über die Ressourcen verfügen, um komplexe Schutzmaßnahmen selbst zu implementieren.

Darüber hinaus stellt GlobalBlock sicher, dass alle technischen Aspekte – von der Registrierung bis zur Verwaltung – nahtlos funktionieren. Unternehmen profitieren von:

- **Übersichtlichen Dashboards**: Alle Domains und Blockierungen werden auf einer einzigen Plattform verwaltet, was die Übersichtlichkeit erhöht.
- **Benachrichtigungen und Berichte**: Markeninhaber werden über potenzielle Bedrohungen und neue Entwicklungen informiert, was eine proaktive Verwaltung ermöglicht.
- **Support und Beratung**: Ein dediziertes Support-Team steht zur Verfügung, um bei Fragen oder Herausforderungen zu helfen.

3.5 Entlastung für interne Teams

Ein häufig übersehener Vorteil von GlobalBlock ist die Entlastung interner Teams. IT- und Rechtsteams, die sonst mit der Verwaltung von Domains und der Überwachung potenzieller Bedrohungen beschäftigt wären, können sich auf strategisch wichtigere Aufgaben konzentrieren. GlobalBlock übernimmt die administrativen und operativen Aufgaben, sodass Unternehmen ihre Ressourcen effizienter einsetzen können.

3.6 Praxisbeispiele für erfolgreiche Verwaltung

Die Einfachheit und Effizienz von GlobalBlock zeigt sich besonders deutlich in der Praxis. Einige Beispiele:

- **Ein globales E-Commerce-Unternehmen**: Durch den Einsatz von GlobalBlock konnte ein führender Online-Händler seine Marke in über 600 Domainendungen sichern, ohne interne Ressourcen zu belasten. Die zentrale Verwaltung ermöglichte es dem Unternehmen, sich auf die Expansion in neue Märkte zu konzentrieren.
- **Eine kleine regionale Firma**: Ein mittelständisches Unternehmen nutzte GlobalBlock, um den Schutz seines Firmennamens sicherzustellen, während es gleichzeitig Kosten einsparte, da keine unnötigen Registrierungen mehr erforderlich waren.
- **Ein Prominenter mit globaler Reichweite**: Ein bekannter Musiker setzte GlobalBlock+ ein, um seinen Namen und dessen Varianten in internationalen und Web3-Domainendungen zu schützen. Dies verhinderte nicht nur Missbrauch, sondern stärkte auch die Marke des Künstle

Die zentrale Verwaltung digitaler Identitäten ist ein entscheidender Vorteil von GlobalBlock. Unternehmen profitieren von einer erheblichen Reduktion des administrativen Aufwands, flexiblen Anpassungsmöglichkeiten und automatisierten Prozessen, die den Schutz ihrer Marke sicherstellen. Mit GlobalBlock können sich Markeninhaber darauf konzentrieren, ihre Geschäftsziele zu erreichen, während ihre digitale Identität geschützt bleibt.

Kapitel 4: Erweiterte Sicherheitsfunktionen: GlobalBlock+

Die digitale Welt wird zunehmend komplexer, und mit ihr auch die Bedrohungen, denen Marken ausgesetzt sind. Während der Basisschutz von GlobalBlock bereits umfassend ist, bietet **GlobalBlock+** eine weitere Schutzebene, die speziell auf die Herausforderungen von Phishing-Angriffen, Look-alike-Domains und betrügerischen Aktivitäten zugeschnitten ist. Mit einer Vielzahl innovativer Funktionen wird die digitale Identität von Marken und Unternehmen noch effektiver gesichert.

4.1 Schutz vor Look-alike-Domains

Eine der größten Bedrohungen für Marken ist die Registrierung von Look-alike-Domains. Dabei handelt es sich um Domains, die ähnlich wie der geschützte Markenname aussehen, aber leicht abgewandelt sind. Diese werden oft von Betrügern genutzt, um Nutzer zu täuschen und sie auf gefälschte Websites zu locken. Beispiele für solche Domains könnten "g1obalblock.com" oder "globa1block.com" sein, bei denen Buchstaben durch ähnlich aussehende Zeichen ersetzt werden.

GlobalBlock+ erkennt und blockiert diese potenziellen Bedrohungen automatisch. Dies verhindert:

- **Phishing-Angriffe**: Kunden und Nutzer der Marke werden vor gefälschten Websites geschützt, die

21

vertrauliche Daten wie Passwörter oder Kreditkartendaten stehlen könnten.

- **Markenschäden**: Der Ruf der Marke bleibt intakt, da Kunden nicht mit betrügerischen Aktivitäten in Verbindung gebracht werden.
- **Betrug auf Social Media**: Look-alike-Domains werden oft genutzt, um gefälschte Social-Media-Profile oder Kampagnen zu erstellen. GlobalBlock+ verhindert auch diesen Missbrauch.

4.2 Erweiterte Abdeckung durch automatische Variantenblockierung

Eine besondere Stärke von GlobalBlock+ liegt in der automatischen Blockierung von Varianten eines Markennamens. Dies schließt ein:

- **Tippfehler-Domains**: Domains, die durch häufige Tippfehler entstehen, z. B. "globlalblock.com".
- **Homoglyphen-Domains**: Domains, die optisch ähnlich, aber technisch anders sind, z. B. "globalblock.com" (wobei das „l" durch ein ähnliches Zeichen ersetzt wurde).
- **Sprach- und Rechtschreibvarianten**: Für globale Marken werden auch sprachspezifische Varianten geschützt, z. B. "globalbloque" in spanischsprachigen Märkten.

4.3 Schutz vor Phishing und Betrug

Phishing ist eine der häufigsten Formen des Cyberbetrugs und stellt eine ernsthafte Bedrohung für Unternehmen und deren Kunden dar. Betrüger erstellen oft täuschend echte Kopien von Markenwebsites, um sensible Daten zu stehlen. GlobalBlock+ bekämpft diese Bedrohung, indem es:

- **Verdächtige Registrierungen blockiert**: Look-alike-Domains werden blockiert, bevor sie überhaupt genutzt werden können.
- **Zusätzliche Sicherheitsebene bietet**: Selbst bei einer gezielten Bedrohung bleibt die Marke geschützt, da verdächtige Domains nicht aktiv genutzt werden können.

4.4 Sicherheit in einer globalisierten digitalen Landschaft

Die zunehmende Internationalisierung des Internets bringt spezifische Herausforderungen mit sich. Marken, die in mehreren Märkten tätig sind, müssen sicherstellen, dass ihre digitale Identität in jeder Region konsistent bleibt. GlobalBlock+ bietet daher:

- **Abdeckung von internationalen TLDs**: So bedeutende Domainendungen wie .com, .info, .biz, .club und für Deutschland interessante Domainendungen wie .gmbh und .bayern werrden automatisch blockiert, ebenso wie neue länderspezifische TLDs.

- **Flexibilität für regionale Anpassungen**:
  Markeninhaber können entscheiden, welche
  Domains sie für lokale Märkte freigeben möchten,
  während andere weiterhin blockiert bleiben.

4.5 Vorteile für Unternehmen mit umfangreicher Markenstrategie

Für Unternehmen mit komplexen Markenstrukturen ist
GlobalBlock+ ein unverzichtbares Tool. Beispielsweise:

- **Unternehmen mit mehreren Marken**:
  GlobalBlock+ ermöglicht es, verschiedene Marken
  oder Submarken gleichzeitig zu schützen, ohne
  dass separate Schutzmaßnahmen erforderlich
  sind.
- **Marken mit Variationen**: Unternehmen, die oft mit
  unterschiedlichen Schreibweisen oder
  Abkürzungen arbeiten, profitieren von der
  erweiterten Blockierungsfunktion.

4.6 Technologische Grundlage von GlobalBlock+

Die Stärke von GlobalBlock+ liegt in seiner
technologischen Basis. Durch den Einsatz moderner KI-
Technologien wie Machine Learning und Datenanalyse
kann der Dienst potenzielle Bedrohungen frühzeitig
erkennen und blockieren. Einige Schlüsselmerkmale:

- **Echtzeit-Überwachung**: Domains werden kontinuierlich überwacht, um verdächtige Aktivitäten sofort zu erkennen.
- **Automatische Aktualisierungen**: Neue TLDs und Bedrohungen werden automatisch in das Schutzsystem integriert, sodass Markeninhaber immer auf dem neuesten Stand sind.
- **Benutzerfreundliche Verwaltung**: Trotz der technischen Komplexität bleibt die Nutzung von GlobalBlock+ einfach und intuitiv.

4.7 Praxisbeispiele: Wie GlobalBlock+ Marken schützt

Die erweiterten Funktionen von GlobalBlock+ haben sich in der Praxis bewährt. Beispiele:

- **Ein internationaler Finanzdienstleister**: Durch die automatische Blockierung von Look-alike-Domains konnte das Unternehmen verhindern, dass betrügerische Phishing-Websites ihre Kunden gefährden.
- **Eine globale Modemarke**: GlobalBlock+ stellte sicher, dass Varianten des Markennamens nicht für gefälschte Online-Shops genutzt wurden, wodurch der Ruf der Marke geschützt wurde.
- **Ein Technologiekonzern**: Die Integration von GlobalBlock+ ermöglichte es dem Unternehmen, seine Web3-Domains zu schützen und in den Bereich der Blockchain-Technologie zu expandieren, ohne die Sicherheit zu gefährden.

GlobalBlock+ bietet eine umfassende Schutzlösung, die weit über den Basisschutz von GlobalBlock hinausgeht. Mit Funktionen wie der automatischen Blockierung von Look-alike-Domains, der Erkennung von Phishing-Bedrohungen und der Unterstützung internationaler TLDs stellt GlobalBlock+ sicher, dass Marken und Unternehmen in der digitalen Landschaft geschützt sind. Die erweiterten Funktionen sind ein Muss für Unternehmen, die ihre digitale Identität langfristig sichern wollen.

Kapitel 5: Technische Hauptmerkmale von GlobalBlock

GlobalBlock zeichnet sich nicht nur durch seine umfassende Abdeckung und einfache Verwaltung aus, sondern auch durch eine Reihe technischer Funktionen, die speziell entwickelt wurden, um Marken und Unternehmensnamen in einer zunehmend komplexen digitalen Landschaft zu schützen. Diese Funktionen bieten Unternehmen einen entscheidenden Vorteil bei der Sicherung ihrer digitalen Identität.

5.1 Exakte Übereinstimmungsblockierung

Eine der grundlegenden Funktionen von GlobalBlock ist die Blockierung exakter Übereinstimmungen des Markennamens über alle unterstützten TLDs hinweg. Dies stellt sicher, dass niemand eine Domain registrieren kann, die exakt mit der geschützten Marke übereinstimmt.

Ein Beispiel: Wenn ein Unternehmen wie „MarkeXYZ" geschützt ist, blockiert GlobalBlock automatisch jede Registrierung von Domains wie „markexyz.com", „markexyz.club" oder „markexyz.shop".

Vorteile dieser Funktion:

- **Direkter Schutz vor Cybersquatting**: Kriminelle können die Marke nicht für betrügerische Zwecke verwenden.
- **Konsistenz in der digitalen Präsenz**: Die Marke bleibt in allen Domainendungen geschützt, was die

Glaubwürdigkeit und das Vertrauen der Kunden stärkt.

5.2 Erweiterter Schutz durch GlobalBlock+

GlobalBlock+ geht über die exakte Übereinstimmungsblockierung hinaus und schützt auch Look-alike-Domains. Dieser erweiterte Schutz umfasst:

- **Homoglyphen**: Domains, die ähnlich wie die Originalmarke aussehen, aber leicht abgewandelt sind (z. B. „globalblock.com" mit einem großgeschriebenen „i" statt „l").
- **Tippfehler-Domains**: Domains, die häufig durch versehentliche Tippfehler entstehen (z. B. „globalblok.com").

Die automatische Erkennung und Blockierung solcher Domains bietet einen entscheidenden Vorteil gegenüber traditionellen Schutzlösungen.

5.3 Priority AutoCatch: Automatische Rückgewinnung wichtiger Domains

Eine weitere Kernfunktion von GlobalBlock ist **Priority AutoCatch**. Diese Funktion stellt sicher, dass zuvor registrierte Domains, die mit dem Markennamen übereinstimmen, automatisch erfasst und blockiert werden, sobald sie verfügbar werden.

Ein Szenario:

- Eine wertvolle Domain wie „markexyz.com" wurde von einem Dritten registriert, aber nicht erneuert. Mit Priority AutoCatch stellt GlobalBlock sicher, dass diese Domain sofort blockiert wird, sobald sie verfügbar wird.

Vorteile:

- **Keine verlorenen Chancen**: Unternehmen verlieren keine wichtigen Domains, die für ihre Marke von Bedeutung sind.
- **Proaktive Schutzstrategie**: Domains werden gesichert, bevor sie erneut von Dritten missbraucht werden können.

5.4 Domain-Unblock: Flexibilität und Kontrolle

Eine der innovativsten Funktionen von GlobalBlock ist **Domain-Unblock**. Damit können blockierte Domains bei Bedarf freigegeben und genutzt werden, ohne zusätzliche Kosten.

Dies bietet Markeninhabern eine flexible Möglichkeit, ihre Domainstrategie an veränderte Geschäftsanforderungen anzupassen:

- **Freigabe für Kampagnen**: Blockierte Domains können aktiviert werden, um sie für Marketingkampagnen, neue Produkte oder regionale Expansionen zu nutzen.

- **Rückgewinnung ungenutzter Ressourcen**:
  Unternehmen behalten die Kontrolle über ihre
  Domains, auch wenn sie vorübergehend nicht
  genutzt werden.

5.5 Schutz unregistrierter Marken und Firmennamen

GlobalBlock bietet eine Funktion, die weit über traditionelle
Schutzdienste hinausgeht: den Schutz unregistrierter
Marken und Firmennamen. Während viele Dienste wie
DPML nur registrierte Marken abdecken, schützt
GlobalBlock auch Namen, die durch ihre Nutzung im
Geschäftsverkehr eine gewisse Bekanntheit erlangt haben.

Beispiele:

- **Neue Marken**: Ein Startup, das noch keine Zeit
  hatte, seine Marke registrieren zu lassen, kann
  dennoch seine digitale Identität schützen.
- **Firmen- und Prominentennamen**: Namen, die
  nicht als Marke registriert sind, aber dennoch
  geschützt werden müssen, können durch
  GlobalBlock gesichert werden.

5.6 Automatisierung und Effizienz

GlobalBlock nutzt fortschrittliche KI-Technologien wie
Machine Learning und **Automatisierung**, um Marken vor
Bedrohungen zu schützen. Diese technologischen
Grundlagen bieten:

- **Echtzeit-Überwachung**: Domains werden kontinuierlich überwacht, um potenzielle Bedrohungen zu erkennen.
- **Automatische Aktualisierungen**: Neue TLDs werden automatisch in das System integriert, sodass Markeninhaber stets auf dem neuesten Stand bleiben.
- **Benutzerfreundlichkeit**: Trotz der technischen Komplexität bleibt die Nutzung von GlobalBlock einfach und intuitiv.

5.7 Umfassende Berichterstattung und Analysen

Ein weiterer Vorteil von GlobalBlock ist die Möglichkeit, detaillierte Berichte und Analysen zu erhalten. Markeninhaber können genau sehen, welche Domains blockiert wurden, wo potenzielle Bedrohungen auftreten und wie effektiv der Schutz ist.

Die Berichterstattung umfasst:

- **Aktuelle Bedrohungen**: Listen von potenziellen Look-alike-Domains und registrierten TLDs.
- **Schutzstatus**: Ein Überblick darüber, welche Domains aktuell geschützt sind.
- **Regionale Analysen**: Berichte, die zeigen, in welchen Märkten die Marke besonders gefährdet ist.

5.8 Praktische Anwendungen in der Unternehmenswelt

Die technischen Hauptmerkmale von GlobalBlock haben sich in der Praxis bewährt. Einige Beispiele:

- **Ein internationaler Technologiekonzern**: Priority AutoCatch stellte sicher, dass keine wertvollen Domains verloren gingen, während die exakte Blockierung des Markennamens Cybersquatting verhinderte.
- **Ein E-Commerce-Unternehmen**: Mit der Funktion Domain-Unblock konnte das Unternehmen blockierte Domains für neue Marketingkampagnen reaktivieren.
- **Ein Prominenter mit globaler Reichweite**: Look-alike-Domains wurden automatisch erkannt und blockiert, bevor sie genutzt werden konnten.

Die technischen Hauptmerkmale von GlobalBlock machen den Dienst zu einer unverzichtbaren Lösung für Markeninhaber. Von der exakten Übereinstimmungsblockierung bis hin zur automatisierten Erkennung und Sicherung von Look-alike-Domains bietet GlobalBlock umfassende Funktionen, die Marken effektiv schützen. Flexibilität, Automatisierung und Echtzeit-Überwachung stellen sicher, dass Unternehmen ihre digitale Identität langfristig und sicher verwalten können.

Kapitel 6: Vorteile im Überblick: Effizienz und Flexibilität

Die zunehmende Komplexität der digitalen Landschaft erfordert Schutzlösungen, die nicht nur leistungsstark, sondern auch effizient und flexibel sind. GlobalBlock wurde entwickelt, um Markeninhabern genau diese Vorteile zu bieten. Durch die Kombination aus innovativen Technologien, umfangreicher Abdeckung und einfacher Verwaltung wird GlobalBlock zu einer der besten Lösungen, um Marken und Unternehmensnamen effektiv zu schützen.

6.1 Effizienz durch zentrale Verwaltung

Ein zentraler Vorteil von GlobalBlock ist die Möglichkeit, alle relevanten Domainendungen in einer einzigen Transaktion zu blockieren. Dies reduziert nicht nur den Aufwand für die Verwaltung von Domains, sondern sorgt auch für eine erhebliche Zeit- und Kostenersparnis.

Beispiele für Effizienzgewinne:

- **Zeiteinsparung**: Anstatt hunderte einzelne Domains manuell zu registrieren und zu erneuern, können Unternehmen mit GlobalBlock ihre Marke mit einem einzigen Schritt schützen.
- **Vereinfachte Prozesse**: Die zentrale Verwaltung ermöglicht eine bessere Übersicht und reduziert die Wahrscheinlichkeit von Fehlern oder Lücken im Schutz.

- **Automatisierung**: Routineaufgaben wie die Erkennung von Look-alike-Domains oder das Blockieren von neuen TLDs werden automatisiert, was die Effizienz weiter steigert.

6.2 Kosteneffizienz: Schutz ohne überflüssige Ausgaben

Die Verwaltung eines großen Domainportfolios kann schnell kostspielig werden, insbesondere wenn Domains in verschiedenen Ländern oder für spezielle TLDs registriert werden müssen. GlobalBlock bietet eine kosteneffiziente Alternative, indem es den Schutz von Domains optimiert:

- **Vermeidung von Mehrfachregistrierungen**: Unternehmen müssen nicht jede Domain einzeln registrieren und verwalten.
- **Reduktion rechtlicher Kosten**: Durch die präventive Blockierung von Domains wird das Risiko von Markenrechtsverletzungen minimiert, was teure Rechtsstreitigkeiten verhindern kann.
- **Langfristige Einsparungen**: Die Automatisierung und zentrale Verwaltung senken die laufenden Kosten für den Markenschutz erheblich.

6.3 Flexibilität für dynamische Geschäftsanforderungen

Ein weiterer zentraler Vorteil von GlobalBlock ist seine Flexibilität. Unternehmen können ihre Schutzstrategie an veränderte Geschäftsanforderungen anpassen. Die Möglichkeit, blockierte Domains bei Bedarf freizugeben und zu nutzen, bietet Markeninhabern ein hohes Maß an Kontrolle.

Praktische Anwendungen:

- **Expansion in neue Märkte**: Unternehmen können blockierte Domains für lokale Märkte oder neue Geschäftsbereiche aktivieren.
- **Marketingkampagnen**: Blockierte Domains können für zeitlich begrenzte Kampagnen oder spezielle Aktionen genutzt werden.
- **Rebranding**: Marken, die sich weiterentwickeln oder ihren Fokus ändern, können ihre Domainstrategie entsprechend anpassen.

6.4 Sicherheit und Prävention

Ein großer Vorteil von GlobalBlock ist die präventive Sicherheit, die der Dienst bietet. Während viele traditionelle Schutzlösungen reaktiv sind und erst nach einem Vorfall eingreifen, blockiert GlobalBlock potenzielle Bedrohungen bereits im Vorfeld:

- **Verhinderung von Cybersquatting**: Domains, die den Markennamen enthalten, können gar nicht erst registriert werden.
- **Phishing-Schutz**: Look-alike-Domains werden automatisch erkannt und blockiert, bevor sie Schaden anrichten können.

- **Schnelle Reaktion auf Bedrohungen**: Das System überwacht kontinuierlich die digitale Landschaft und erkennt neue potenzielle Risiken in Echtzeit.

6.5 Skalierbarkeit für Unternehmen jeder Größe

GlobalBlock ist so konzipiert, dass es für Unternehmen jeder Größe geeignet ist, von kleinen Startups bis hin zu multinationalen Konzernen. Die Skalierbarkeit der Lösung stellt sicher, dass Unternehmen nur für den Schutz bezahlen, den sie tatsächlich benötigen:

- **Kleine und mittelständische Unternehmen (KMUs)**: Diese profitieren von einer erschwinglichen Lösung, die ihre begrenzten Ressourcen schont.
- **Große Konzerne**: GlobalBlock bietet umfangreiche Funktionen, um komplexe Markenstrukturen und große Domainportfolios zu schützen.

6.6 Fallstudien: Effizienz und Flexibilität in der Praxis

Die Vorteile von GlobalBlock werden in der Praxis deutlich. Einige Beispiele:

- **Eine regionale Dienstleistungsfirma**: Mit der Funktion „Domain-Unblock" konnte das Unternehmen blockierte Domains für spezifische Marketingaktionen nutzen und dabei flexibel auf Marktveränderungen reagieren.

Die Effizienz und Flexibilität von GlobalBlock machen den Dienst zu einer unverzichtbaren Lösung für Markeninhaber. Unternehmen profitieren von einer zentralisierten Verwaltung, erheblichen Kosteneinsparungen und einer flexiblen Anpassung an ihre Geschäftsanforderungen. Mit GlobalBlock können Markeninhaber sicherstellen, dass ihre digitale Identität langfristig geschützt bleibt, ohne Kompromisse bei der Effizienz einzugehen.

Kapitel 7: Vergleich mit DPML: Wo GlobalBlock glänzt

Die Auswahl des richtigen Markenschutzprogramms ist entscheidend für die langfristige Sicherung der digitalen Identität eines Unternehmens. Dienste wie DPML (Domains Protected Marks List) und GlobalBlock bieten unterschiedliche Ansätze, um Marken vor Missbrauch zu schützen. In diesem Kapitel beleuchten wir die Unterschiede zwischen den beiden Lösungen und zeigen auf, warum GlobalBlock in vielerlei Hinsicht überlegen ist.

7.1 DPML: Die Grundlagen

DPML wurde von Donuts Inc., einem der weltweit führenden Anbieter von Domain-Endungen (TLDs), entwickelt. Das System ermöglicht es Markeninhabern, registrierte Marken über eine zentrale Liste zu schützen, sodass Dritte keine Domains registrieren können, die mit der Marke übereinstimmen. Die Vorteile von DPML umfassen:

- **Zentraler Markenschutz**: Markeninhaber können mehrere neue generische TLDs (gTLDs) mit einer einzigen Eintragung sichern.
- **Kosteneffizienz**: Im Vergleich zur manuellen Registrierung jeder einzelnen Domain ist DPML eine kostengünstige Alternative.
- **Erweiterte Abdeckung durch Premium-Versionen**: DPML Premium bietet Schutz für Variationen und Homoglyphen.

7.2 Die Grenzen von DPML

Obwohl DPML eine bewährte Lösung für den Markenschutz ist, hat es auch klare Einschränkungen:

- **Begrenzte Abdeckung**: DPML deckt nur die von Donuts betriebenen gTLDs ab, derzeit etwa 300 Endungen. Dies bedeutet, dass viele andere wichtige Domainendungen – einschließlich länderspezifischer TLDs – ungeschützt bleiben.
- **Nur für registrierte Marken verfügbar**: DPML schützt ausschließlich Marken, die offiziell registriert sind. Dies schließt Unternehmen aus, die unregistrierte Marken oder Firmennamen schützen möchten.
- **Kein umfassender Schutz**: DPML+ deckt auch Varianten der Marke ab, aber nur wenige von den Kunden genannte Varianten. GlobalBlock+ deckt zehntausende Varianten mit Hilfe von Künstlicher Intelligenz ab.

7.3 GlobalBlock: Der umfassendere Ansatz

Im Vergleich zu DPML bietet GlobalBlock eine deutlich breitere Abdeckung und mehr Flexibilität. Zu den wichtigsten Vorteilen gehören:

- **Doppelt so viele Domainendungen**: GlobalBlock schützt Marken in über 600 TLDs, darunter auch länderspezifische Domains und neue TLDs wie

.web3 oder .crypto. Die Abdeckung soll auf 800 TLDs erweitert werden.

- **Schutz unregistrierter Marken**: GlobalBlock bietet auch Schutz für Marken und Firmennamen, die nicht offiziell registriert sind, aber im Geschäftsverkehr verwendet werden.

7.4 Technologische Überlegenheit von GlobalBlock

GlobalBlock setzt auf modernste Technologien, um einen proaktiven Schutz zu gewährleisten:

- **Automatisierte Erkennung von Bedrohungen**: Look-alike-Domains und verdächtige Aktivitäten werden in Echtzeit erkannt und blockiert.
- **Integration von Web3-Domains**: GlobalBlock bietet Schutz für Blockchain-basierte Domains, die bei traditionellen Schutzdiensten nicht berücksichtigt werden.
- **Priority AutoCatch**: Diese Funktion ermöglicht es, abgelaufene oder ungenutzte Domains automatisch zu sichern, bevor Dritte sie registrieren können.

7.5 Vergleich der Funktionen

Merkmal	DPML	GlobalBlock
Abgedeckte Domainendungen	Ca. 300	Über 600, geplant 800
Schutz für unregistrierte Marken	Nicht verfügbar	Verfügbar

Merkmal	DPML	GlobalBlock
Look-alike-Domains	Nur wenige	zehntausende
Web3-Domains	Nicht verfügbar	Verfügbar
Flexibilität (Domain-Unblock)	Eingeschränkt	Uneingeschränkt

7.6 Warum GlobalBlock die bessere Wahl ist

Für Unternehmen, die einen umfassenden und flexiblen Schutz benötigen, ist GlobalBlock die eindeutig bessere Wahl. Die Möglichkeit, sowohl registrierte als auch unregistrierte Marken zu schützen, sowie die breitere Abdeckung von Domainendungen machen es zur idealen Lösung für moderne Markeninhaber.

Praktische Vorteile:

- **Einheitlicher Schutz**: Unternehmen müssen sich nicht zwischen verschiedenen Schutzprogrammen entscheiden – GlobalBlock deckt alle wichtigen Aspekte ab.
- **Kosten-Nutzen-Verhältnis**: Trotz der erweiterten Funktionen ist GlobalBlock eine kosteneffiziente Lösung, insbesondere für Unternehmen mit globaler Reichweite.
- **Zukunftssicherheit**: Mit der Integration von Web3-Domains und anderen neuen Technologien bleibt GlobalBlock auch in der digitalen Zukunft relevant.

7.7 Fallstudien: GlobalBlock vs. DPML

Die Überlegenheit von GlobalBlock zeigt sich deutlich in der Praxis:

- **Ein internationaler Konzern**: Ein Technologieunternehmen entschied sich für GlobalBlock, da DPML keine ausreichende Abdeckung für länderspezifische TLDs bot. Mit GlobalBlock konnte das Unternehmen seinen Markennamen weltweit schützen.
- **Ein mittelständisches Unternehmen**: Ein lokaler Händler, der unregistrierte Marken einsetzt, konnte mit GlobalBlock Schutz für seine Marken und Firmennamen sicherstellen, was mit DPML nicht möglich gewesen wäre.
- **Ein prominenter Künstler**: Ein Musiker nutzte GlobalBlock+, um Look-alike-Domains zu blockieren und seinen Namen in Web3-Domains zu sichern, ein Feature, das DPML nicht bot.

Obwohl DPML eine bewährte Lösung für den Schutz registrierter Marken ist, zeigt sich, dass GlobalBlock in vielen Bereichen überlegen ist. Mit einer breiteren Abdeckung, Flexibilität und innovativen Funktionen bietet GlobalBlock einen umfassenderen Schutz.

https://www.domainregistry.de/dpml.html

https://www.domainregistry.de/globalblock.html

Kapitel 8: Fallbeispiele und Anwendungsbereiche

Die Vielseitigkeit und Effektivität von GlobalBlock und GlobalBlock+ zeigen sich besonders in praktischen Anwendungen. Ob große Konzerne, mittelständische Unternehmen oder prominente Persönlichkeiten – die Dienste bieten maßgeschneiderte Lösungen für den Schutz digitaler Identitäten. Dieses Kapitel beleuchtet reale Anwendungsbeispiele und zeigt, wie GlobalBlock Unternehmen und Individuen dabei geholfen hat, ihre Marke zu schützen und ihre digitale Präsenz zu sichern.

8.1 Ein globaler Technologiekonzern: Schutz durch Automation

Ein führender Technologiekonzern mit internationaler Reichweite war mit mehreren Herausforderungen konfrontiert:

- **Cybersquatting in verschiedenen Märkten**: Betrüger registrierten Domains mit ähnlichen Schreibweisen des Unternehmensnamens, um Nutzer auf gefälschte Seiten zu locken.
- **Web3-Domains**: Mit dem Aufkommen von Blockchain-Technologie musste der Konzern sicherstellen, dass auch Web3-Domains geschützt sind.

Durch den Einsatz von GlobalBlock und GlobalBlock+ konnte der Konzern:

- **Look-alike-Domains automatisch blockieren**, bevor sie aktiv genutzt wurden.
- **Web3-Domains sichern**, die für zukünftige Blockchain-Projekte geplant waren.
- **Einen einheitlichen Schutz über 600 Domainendungen** hinweg gewährleisten, mit der Möglichkeit, auf 800 TLDs zu erweitern.

Die Automatisierung durch GlobalBlock+ sparte dem Unternehmen erhebliche Ressourcen und stellte sicher, dass die Marke in allen digitalen Bereichen geschützt war.

8.2 Eine globale Modemarke: Schutz vor Markenpiraterie

Ein führender Hersteller von Luxusmode stand vor einem wachsenden Problem mit Markenpiraterie:

- **Gefälschte Online-Shops**: Betrüger nutzten Domains, die dem Markennamen ähnlich waren, um gefälschte Produkte zu verkaufen.
- **Regionale Herausforderungen**: In einigen Ländern war der Markenschutz durch traditionelle Dienste wie DPML unzureichend.

Mit GlobalBlock+ konnte die Modemarke:

- **Gefälschte Domains identifizieren und juristisch dagegen vorgehen**, bevor diese für betrügerische Zwecke genutzt wurden.

- **Markenintegrität und Kundenvertrauen stärken**, da der Missbrauch der Marke erheblich reduziert wurde.

8.3 Ein mittelständisches Unternehmen: Flexibilität bei der Domainnutzung

Ein mittelständisches Unternehmen, das hauptsächlich in regionalen Märkten tätig war, benötigte eine flexible Lösung für den Schutz seines Firmennamens:

- **Kosteneffizienz**: Die begrenzten Ressourcen des Unternehmens erforderten eine Lösung, die erschwinglich war.
- **Flexibilität**: Blockierte Domains sollten bei Bedarf freigegeben werden können, um sie für Marketingkampagnen zu nutzen.

GlobalBlock bot dem Unternehmen eine Lösung, die:

- **Kosteneffizient war**, da keine unnötigen Registrierungen erforderlich waren.
- **Die Freigabe blockierter Domains ermöglichte**, wodurch Marketingkampagnen schnell umgesetzt werden konnten.
- **Einen Schutz für unregistrierte Marken und Firmennamen bot**, was für das Unternehmen entscheidend war.

8.4 Ein prominenter Künstler: Schutz der persönlichen Marke

Ein international bekannter Musiker sah sich mit einer Reihe von Herausforderungen konfrontiert:

- **Missbrauch des Namens in Domains**: Betrüger registrierten Domains wie "artistnamefan.com" oder "artistnameofficial.com", um illegale Inhalte zu verbreiten.
- **Web3-Domains**: Mit der Einführung von Blockchain-Domains musste der Künstler sicherstellen, dass auch diese geschützt wurden.

Durch den Einsatz von GlobalBlock+ konnte der Künstler:

- **Seinen Namen und alle Varianten sichern**, einschließlich Schreibfehler und Homoglyphen.
- **Web3-Domains blockieren**, bevor diese registriert wurden.
- **Seine digitale Präsenz konsistent halten**, was seinen Ruf und die Marke stärkte.

8.5 Ein internationaler Finanzdienstleister: Prävention von Phishing-Angriffen

Ein Finanzdienstleister mit globaler Reichweite war eines der häufigsten Ziele von Phishing-Angriffen. Betrüger erstellten täuschend echte Domains, um Kunden zu betrügen und sensible Daten zu stehlen.

Mit GlobalBlock+ konnte das Unternehmen:

- **Phishing-Domains automatisch blockieren**, bevor sie genutzt wurden.
- **Seine Kunden vor Betrug schützen**, was das Vertrauen in die Marke stärkte.
- **Verdächtige Aktivitäten in Echtzeit überwachen**, um auf neue Bedrohungen schnell zu reagieren.

8.6 Web3-Initiativen: Schutz in der Blockchain-Welt

Ein Start-up, das auf Blockchain-Technologie setzte, benötigte einen Schutz für seine digitale Präsenz:

- **Web3-Domains wie .crypto** wurden immer wichtiger, da sie für dezentrale Anwendungen genutzt wurden.
- **Namensvarianten und Tippfehler** konnten von Konkurrenten genutzt werden, um ähnliche Projekte zu starten.

Mit GlobalBlock+ konnte das Start-up:

- **Seine Web3-Domains sichern**, um zukünftige Projekte zu schützen.
- **Varianten und Schreibfehler blockieren**, wodurch die Marke in der Blockchain-Welt konsistent blieb.
- **Einen zukunftssicheren Schutz** implementieren, der auch mit der Expansion des Unternehmens skalierbar war.

Die Fallstudien zeigen, dass GlobalBlock und GlobalBlock+ in einer Vielzahl von Szenarien erfolgreich eingesetzt werden können. Von großen Konzernen über mittelständische Unternehmen bis hin zu prominenten Persönlichkeiten bietet der Dienst maßgeschneiderte Lösungen, um digitale Identitäten zu schützen. Die Kombination aus Effizienz, Flexibilität und technologischer Innovation macht GlobalBlock zu einer unverzichtbaren Lösung in der modernen digitalen Landschaft.

Kapitel 9: GlobalBlock für Prominente und Personen des öffentlichen Lebens

In einer Welt, in der digitale Präsenz ein wesentlicher Bestandteil der öffentlichen Wahrnehmung ist, stehen Prominente und Persönlichkeiten des öffentlichen Lebens vor einzigartigen Herausforderungen. Der Missbrauch von Namen und Marken im digitalen Raum kann nicht nur den persönlichen Ruf gefährden, sondern auch schwerwiegende finanzielle und rechtliche Folgen nach sich ziehen. **GlobalBlock** und **GlobalBlock+** bieten Prominenten umfassende Lösungen, um ihre digitale Identität effektiv zu schützen und Missbrauch vorzubeugen.

9.1 Die besondere Rolle des Namens für Prominente

Für Prominente und Personen des öffentlichen Lebens ist ihr Name weit mehr als nur eine Bezeichnung – er ist oft das Herzstück ihrer Marke. Namen, die durch ihre Bekanntheit einen hohen Wiedererkennungswert besitzen, werden zunehmend zum Ziel von Cybersquatting, Phishing und Markenpiraterie. Beispiele hierfür sind:

- **Gefälschte Fan-Seiten**: Domains wie „artistnamefans.com" oder „artistnameofficial.com" könnten für betrügerische Aktivitäten genutzt werden.
- **Schädliche Inhalte**: Unautorisierte Websites könnten den Eindruck erwecken, dass der

Prominente diese unterstützt, und so den Ruf schädigen.

- **Phishing-Angriffe**: Betrüger können Domains nutzen, um persönliche Daten von Fans oder Unterstützern zu stehlen.

Der Schutz des Namens ist daher essenziell, um den Ruf, den Namen, die Marke und die Beziehung zu Fans und Followern zu bewahren.

9.2 GlobalBlock: Schutz für Namen und Marken

Mit GlobalBlock können Prominente sicherstellen, dass ihr Name – und alle möglichen Varianten – über mehr als 600 Domainendungen hinweg blockiert wird. Dies schließt sowohl klassische TLDs wie „.com" und „.org" als auch neuere Domainendungen wie „.shop" oder Web3-Domains wie „.crypto" ein.

Hauptvorteile für Prominente:

- **Umfassender Namensschutz**: Der Name wird proaktiv blockiert, bevor er registriert werden kann.
- **Automatische Blockierung von Varianten**: Schreibfehler, Homoglyphen und andere ähnliche Namen werden durch GlobalBlock+ erkannt und blockiert.
- **Flexibilität**: Blockierte Domains können bei Bedarf für eigene Projekte oder Kampagnen genutzt werden.

9.3 GlobalBlock+ für Look-alike-Domains

Ein besonderer Vorteil von GlobalBlock+ ist der erweiterte Schutz vor Look-alike-Domains. Prominente sind oft Ziel von Domains, die ihren Namen nur leicht abwandeln, um unaufmerksame Nutzer zu täuschen. Beispiele könnten sein:

- **Tippfehler-Domains**: „artistanme.com" anstelle von „artistname.com".
- **Homoglyphen-Domains**: „artıstname.com" (mit einem Sonderzeichen statt eines Buchstabens).
- **Abkürzungen oder Zusätze**: „artistname-fans.com" oder „artistname-free.com".

Diese Varianten werden automatisch erkannt und blockiert, bevor sie für betrügerische Zwecke genutzt werden können.

9.4 Schutz in der Web3-Welt

Mit der zunehmenden Verlagerung ins dezentrale Internet – bekannt als Web3 – entstehen neue Risiken für Prominente. Blockchain-basierte Domains wie „.crypto" oder „.eth" können nicht nachträglich gelöscht oder geändert werden, was sie zu einem attraktiven Ziel für Cybersquatter macht.

GlobalBlock integriert den Schutz für Web3-Domains in sein System, sodass auch diese neuen Technologien abgedeckt sind:

- **Blockierung von Blockchain-Domains**: Namen und Varianten werden in der Blockchain geschützt, bevor sie missbraucht werden können.
- **Zukunftssicherheit**: Prominente können sicher sein, dass ihre Marke auch in der dezentralen digitalen Welt geschützt bleibt.

9.5 Praktische Anwendungen: Beispiele aus der Praxis

Ein internationaler Musiker:
Ein bekannter Künstler nutzte GlobalBlock+, um seinen Namen und seine Varianten in über 600 Domainendungen zu schützen. Look-alike-Domains, die häufig für Phishing-Angriffe auf Fans genutzt wurden, konnten automatisch blockiert werden. Zusätzlich sicherte der Künstler seinen Namen in Web3-Domains, um zukünftige Projekte im Blockchain-Bereich zu ermöglichen.

Ein prominenter Schauspieler:
Ein Schauspieler stellte fest, dass Betrüger Domains mit seinem Namen registrierten, um gefälschte Fan-Seiten zu erstellen. Mit GlobalBlock konnte er nicht nur diese Domains blockieren, sondern auch alle ähnlichen Varianten sichern, sodass sein Name geschützt blieb.

Ein Politiker mit globaler Reichweite:
Ein bekannter Politiker setzte GlobalBlock+ ein, um seinen Namen in internationalen Domainendungen zu sichern. Dies verhinderte, dass Gegner oder Kritiker Domains mit seinem Namen registrieren und für Desinformation nutzen konnten.

9.6 Warum GlobalBlock die beste Wahl ist

GlobalBlock bietet Prominenten eine umfassende Lösung, die speziell auf ihre Bedürfnisse zugeschnitten ist:

- **Proaktiver Schutz**: Domains werden blockiert, bevor sie registriert werden können.
- **Erweiterte Abdeckung**: Neben klassischen TLDs werden auch neue Domainendungen und Web3-Domains abgedeckt.
- **Einfachheit und Flexibilität**: Prominente können ihre digitalen Assets zentral verwalten und bei Bedarf flexibel nutzen.

Prominente Künstler können selbstverständlich auch ihren Künstlernamen schützen lassen. Auch „Spitznamen" von Prominenten können den Kriterien von GlobalBlock entsprechen.

Oft benützen Künstler unregistrierte Marken und die Titel ihrer Werke erfüllen häufig die Kriterien für eine unregistrierte Marke. Prominente können solche unregistrierten Marken genauso wie Firmen durch GlobalBlock schützen lassen.

Man muss nicht ein globaler Prominenter wie Taylor Swift sein, um GlobalBlock nutzen zu können. Zum Bürgermeister erfüllt der Bürgermeister einer deutschen Stadt als Person des öffentlichen Lebens die Kriterien dafür, GlobalBlock nutzen zu können.

Für Prominente und Personen des öffentlichen Lebens ist der Schutz ihrer digitalen Identität unerlässlich.

GlobalBlock und GlobalBlock+ bieten umfassende Lösungen, um Namen, registrierte Marken und unregistrierte Marken von Prominenten und Personen des öffentlichen Lebens zu schützen – sowohl in der traditionellen als auch in der Web3-Welt. Durch die proaktive Blockierung und die einfache Verwaltung können Prominente sicherstellen, dass ihr Name nicht missbraucht wird und ihre digitale Präsenz intakt bleibt.

Die Domainendung .fan gehört zu den von GlobalBlock geschützten Domainendungen. Diese Domainendung eignet sich besonders dafür, um unautorisierte Fan-Webseiten zu schaffen, die für Künstler problematisch sind.

Kapitel 10: GlobalBlock für unregistrierte Marken

Die digitale Landschaft stellt nicht nur registrierte Marken, sondern auch unregistrierte Marken vor erhebliche Herausforderungen. Viele Unternehmen und Einzelpersonen nutzen Markennamen oder Unternehmensnamen, die nicht offiziell registriert sind, aber dennoch eine wichtige Rolle in ihrem Geschäftsalltag spielen. **GlobalBlock** bietet eine umfassende Lösung, um auch diese unregistrierten Marken vor Missbrauch zu schützen.

10.1 Die Herausforderungen unregistrierter Marken

Unregistrierte Marken haben zwar oft keine rechtliche Anerkennung im klassischen Sinne, doch ihre Bedeutung für ein Unternehmen oder eine Einzelperson darf nicht unterschätzt werden. Beispiele für unregistrierte Marken sind:

- **Firmen- oder Produktnamen**: Namen, die häufig im Geschäftsverkehr verwendet werden, jedoch nicht offiziell als Marke eingetragen sind.
- **Lokale oder regionale Marken**: Namen, die nur in bestimmten geografischen Regionen genutzt werden und dort einen hohen Wiedererkennungswert haben.
- **Persönliche Marken**: Namen von Freiberuflern, Künstlern oder Beratern, die ihre Identität repräsentieren.

Das Risiko bei unregistrierten Marken besteht darin, dass Dritte diese Namen für eigene Zwecke als Domain registrieren und nutzen können, ohne dass rechtliche Schritte effektiv möglich sind.

10.2 Schutz für unregistrierte Marken mit GlobalBlock

GlobalBlock bietet eine innovative Lösung, um auch unregistrierte Marken zu schützen. Nachdem der Interessent die Verwendung der unregistrierten Marke nachgewiesen hat, wird beim Schutz nicht mehr zwischen registrierten und unregistrierten Marken unterschieden – der Schutz wird auf beide gleichermaßen angewendet.

Funktionen für unregistrierte Marken:

- **Blockierung von Domainregistrierungen**: Namen und Varianten werden automatisch über alle unterstützten Domainendungen hinweg blockiert.
- **Look-alike-Schutz**: Schreibfehler, Homoglyphen und ähnliche Namen werden ebenfalls erfasst und blockiert.
- **Flexibilität bei der Nutzung**: Blockierte Domains können bei Bedarf aktiviert werden, ohne zusätzliche Kosten.

10.3 Vorteile für Unternehmen und Einzelpersonen

Sie haben beispielsweise vor, ein neues Angebot am Markt einzuführen, das "Starlike" heißt. Während Ihre Markenanwälte noch am Markenschutz für "Starlike" als registrierte Marke arbeiten, können Sie „Starklike" bereits als Domain in bis zu 600 Domainendungen schützen lassen, wenn Sie nachweisen, dass die unregistrierte Marke „Starlike" in Gebrauch ist.

Der Schutz unregistrierter Marken bietet mehrere entscheidende Vorteile:

- **Erhöhte Sicherheit**: Auch ohne offizielle Registrierung bleibt der Name vor Missbrauch geschützt.
- **Flexibilität**: Unternehmen können entscheiden, ob und wann sie bestimmte Domains aktiv nutzen möchten.
- **Kostenersparnis**: Anstatt jede Domain einzeln zu registrieren, wird eine zentrale Schutzlösung genutzt.

Beispiele für die Anwendung:

- **Ein Start-up ohne eingetragene Marke**: Ein junges Unternehmen kann seinen Firmennamen schützen, auch wenn die Marke noch nicht registriert ist.
- **Ein lokales Familienunternehmen**: Eine regionale Marke kann sich gegen Missbrauch durch größere Wettbewerber absichern.
- **Ein Berater oder Freiberufler**: Persönliche Marken und Namen können geschützt werden, bevor sie von Dritten genutzt werden.

10.4 Praktische Beispiele aus der Praxis

Ein innovatives Start-up:
Ein Technologie-Start-up nutzte GlobalBlock, um seinen Namen und seine Variationen zu schützen, bevor die Marke offiziell registriert wurde. Dies verhinderte, dass Konkurrenten den Namen aufgreifen und für eigene Zwecke registrieren konnten.

Ein lokales Einzelhandelsgeschäft:
Ein familiengeführtes Geschäft sicherte seinen Namen mit GlobalBlock, um sicherzustellen, dass keine Look-alike-Domains für betrügerische Online-Shops genutzt werden konnten.

Ein Freiberufler mit wachsender Marke:
Ein Fotograf nutzte GlobalBlock+, um seinen Namen in verschiedenen Schreibweisen und Domainendungen zu schützen, während er seine Online-Präsenz ausbaute.

10.5 Erweiterung der Schutzstrategie

GlobalBlock bietet Unternehmen die Möglichkeit, ihre Schutzstrategie im Laufe der Zeit zu erweitern. Ein Unternehmen kann zunächst mit dem Schutz unregistrierter Marken beginnen und diesen später auf registrierte Marken ausweiten.

Schrittweise Vorgehensweise:

1. **Schutz unregistrierter Marken**: Sofortiger Schutz des Namens, ohne auf eine offizielle Registrierung warten zu müssen.
2. **Registrierung der Marke**: Sobald die Marke registriert ist, kann der Schutz erweitert werden.
3. **Integration neuer Technologien**: Web3-Domains und andere neue Domainendungen können nahtlos in die Schutzstrategie aufgenommen werden.

10.6 Vorteile gegenüber traditionellen Schutzlösungen

Im Vergleich zu traditionellen Schutzlösungen wie DPML bietet GlobalBlock entscheidende Vorteile für unregistrierte Marken:

- **Flexibilität**: Schutz für unregistrierte Marken ist bei DPML nicht verfügbar, während GlobalBlock dies als Kernfunktion bietet.
- **Breitere Abdeckung**: GlobalBlock schützt über 600 Domainendungen, einschließlich länderspezifischer und Web3-Domains.
- **Proaktiver Schutz**: Domains werden blockiert, bevor sie von Dritten registriert werden können, was das Risiko von Missbrauch minimiert.

Unregistrierte Marken sind oft genauso wertvoll wie registrierte Marken, aber sie sind stärker gefährdet, weil der markenrechtliche Schutz fehlt. GlobalBlock bietet eine umfassende Lösung, um diese Marken zu schützen und

Unternehmen und Einzelpersonen die Kontrolle über ihre digitale Identität zu geben. Durch die Möglichkeit, den Schutz flexibel zu erweitern, stellt GlobalBlock sicher, dass unregistrierte Marken nicht länger ein leichtes Ziel für Missbrauch sind.

Kapitel 11: Herausforderungen der Zukunft: Cybersquatting und Phishing

Mit der kontinuierlichen Weiterentwicklung der digitalen Welt wachsen auch die Risiken und Bedrohungen, denen Marken und Unternehmen ausgesetzt sind. Cybersquatting und Phishing gehören zu den bedeutendsten Herausforderungen, die nicht nur die digitale Präsenz, sondern auch den Ruf und die Sicherheit von Unternehmen gefährden. **GlobalBlock** bietet Lösungen, die darauf ausgelegt sind, diesen Bedrohungen proaktiv zu begegnen.

11.1 Cybersquatting: Eine fortwährende Bedrohung

Cybersquatting, das unbefugte Registrieren von Domains, die Markennamen oder ähnlichen Begriffen entsprechen, stellt ein großes Problem dar. Diese Praxis wird oft genutzt, um:

- **Domains teuer weiterzuverkaufen**: Betrüger registrieren Domains, um sie später an Markeninhaber zu überhöhten Preisen zu verkaufen.
- **Betrügerische Websites zu betreiben**: Gefälschte Seiten können verwendet werden, um Besucher zu täuschen und persönliche Daten zu stehlen.
- **Marken zu schädigen**: Indem der Markennamen auf anstößige oder betrügerische Inhalte verlinkt wird.

Warum Cybersquatting weiterhin wächst:

1. **Zunahme neuer Domainendungen**: Die
   wachsende Anzahl von TLDs bietet mehr
   Möglichkeiten für Betrüger.
2. **Kostengünstige Registrierung**: Domains können
   schnell und preiswert registriert werden, was den
   Zugang für Cybersquatter erleichtert.
3. **Fehlender proaktiver Schutz**: Unternehmen, die
   ihre Marken nicht rechtzeitig schützen, sind
   anfällig für diese Art von Missbrauch.

GlobalBlock bekämpft Cybersquatting, indem es proaktiv
Domains blockiert, die mit dem Markennamen
übereinstimmen, und gleichzeitig Look-alike-Domains
erkennt und neutralisiert.

11.2 Phishing: Eine immer raffiniertere Bedrohung

Phishing-Angriffe sind eine der am weitesten verbreiteten
Formen des Cyberbetrugs. Betrüger nutzen Domains, die
echten Marken oder Unternehmen ähneln, um Nutzer auf
gefälschte Seiten zu leiten und vertrauliche Informationen
wie Passwörter oder Zahlungsdaten zu stehlen.

Merkmale moderner Phishing-Angriffe:

- **Echtheit vortäuschen**: Gefälschte Websites sind
  aufgrund des imitierten Designs oft kaum von den
  Originalseiten zu unterscheiden.

- **Zielgerichtete Angriffe**: Individuelle Nutzer oder Kundengruppen werden gezielt ins Visier genommen.
- **Vielfältige Methoden**: Neben E-Mails und Websites nutzen Betrüger auch Social Media und Messaging-Plattformen.

GlobalBlock+ bietet einen erweiterten Schutz vor Phishing, indem es verdächtige Domains automatisch erkennt und blockiert, bevor sie Schaden anrichten können.

11.3 Die Rolle neuer TLDs in der Bedrohungslandschaft

Die Einführung neuer Domainendungen wie „.shop", „.app" oder „.xyz" hat den digitalen Raum erheblich erweitert. Während diese neuen TLDs Unternehmen zusätzliche Möglichkeiten für ihre digitale Präsenz bieten, stellen sie auch neue Risiken dar:

- **Erhöhte Angriffsfläche**: Mit jeder neuen TLD steigt die Anzahl potenzieller Schwachstellen.
- **Spezialisierte Bedrohungen**: Web3-Domains wie „.crypto" werden häufig von Betrügern genutzt, da sie in der Blockchain dauerhaft gespeichert werden und schwer zu entfernen sind.

GlobalBlock integriert den Schutz neuer TLDs und Web3-Domains in seine Plattform, sodass Unternehmen ihre Marken auch in dieser erweiterten digitalen Landschaft schützen können.

11.4 Technologische Entwicklungen und ihre Auswirkungen

Die digitale Bedrohungslandschaft entwickelt sich ständig weiter, getrieben durch technologische Fortschritte wie:

- **Künstliche Intelligenz (KI)**: Betrüger nutzen KI, um Phishing-E-Mails zu generieren, die täuschend echt wirken.
- **Automatisierte Domainregistrierungen**: Tools, die große Mengen an Domains schnell registrieren, machen es für Cybersquatter einfacher, Marken zu missbrauchen.
- **Deepfake-Technologie**: In Kombination mit gefälschten Domains können Deepfakes genutzt werden, um Nutzer noch effektiver zu täuschen.

GlobalBlock setzt auf modernste KI-Technologien wie Machine Learning und Echtzeit-Überwachung, um diesen Bedrohungen immer einen Schritt voraus zu sein.

11.5 Proaktive Strategien zur Bedrohungsabwehr

Die Bekämpfung von Cybersquatting und Phishing erfordert proaktive Maßnahmen. GlobalBlock bietet Unternehmen und Markeninhabern die Möglichkeit, ihre digitale Präsenz umfassend zu sichern:

- **Frühzeitige Blockierung von Domains**: Domains, die den Markennamen oder ähnliche Varianten enthalten, werden bereits vor ihrer Registrierung blockiert.

- **Automatische Erkennung neuer Bedrohungen**: Das System überwacht kontinuierlich die digitale Landschaft, um neue Risiken zu identifizieren.
- **Integration in bestehende Schutzmaßnahmen**: GlobalBlock kann mit anderen Sicherheitslösungen kombiniert werden, um einen ganzheitlichen Schutz zu gewährleisten.

11.6 Praktische Beispiele aus der Praxis

Eine internationale Bank:
Ein Finanzdienstleister nutzte GlobalBlock, um Look-alike-Domains zu neutralisieren, die für Phishing-Angriffe verwendet wurden. Die Echtzeit-Überwachung stellte sicher, dass neue Bedrohungen schnell erkannt wurden.

Ein lokaler Mittelständler:
Ein regional tätiges Unternehmen konnte mit GlobalBlock verhindern, dass seine Marke durch Cybersquatting auf internationalen TLDs missbraucht wurde, und sich so auf seine Geschäftsexpansion konzentrieren.

Cybersquatting und Phishing sind zwei der größten Herausforderungen, denen Marken im digitalen Raum begegnen. Durch die proaktive Blockierung von Domains, den Schutz neuer TLDs und die Integration modernster Technologien bietet GlobalBlock eine zukunftssichere Lösung, um Unternehmen und Markeninhaber vor diesen Bedrohungen zu schützen.

Kapitel 12: Wie Sie GlobalBlock für Ihr Unternehmen nutzen können

Die Implementierung eines effektiven Markenschutzprogramms ist entscheidend, um in einer zunehmend digitalen Welt die Kontrolle über Ihre Markenidentität zu behalten. **GlobalBlock** bietet eine benutzerfreundliche und flexible Lösung, die sich nahtlos in bestehende Geschäftsstrategien integrieren lässt. In diesem Kapitel erfahren Sie, wie Sie GlobalBlock und GlobalBlock+ optimal für Ihr Unternehmen einsetzen können.

12.1 Erste Schritte: Die Implementierung von GlobalBlock

Der Einstieg in die Nutzung von GlobalBlock ist unkompliziert und kann in wenigen Schritten erfolgen:

1. **Analyse Ihrer Bedürfnisse**: Identifizieren Sie die relevanten Marken, Unternehmensnamen und möglichen Varianten, die geschützt werden sollen.
2. **Auswahl der Schutzebene**: Entscheiden Sie sich zwischen GlobalBlock (Basis-Schutz) und GlobalBlock+ (erweiterter Schutz, einschließlich Look-alike-Domains).
3. **Registrierung und Konfiguration**: Melden Sie sich auf der Plattform https://www.domainregistry.de/globalblock.html an, konfigurieren Sie die gewünschten Einstellungen und definieren Sie Ihre Prioritäten.

4. **Integration in bestehende Systeme**: GlobalBlock kann mit Ihren vorhandenen IT- und Sicherheitssystemen integriert werden, um einen nahtlosen Schutz zu gewährleisten.

12.2 Strategische Überlegungen für maximalen Schutz

Um den Schutz Ihrer Marke zu maximieren, sollten Sie strategisch vorgehen:

- **Priorisierung von Marken und Firmennamen**: Beginnen Sie mit den Namen oder Marken, die das höchste Risiko tragen oder den größten Wert für Ihr Unternehmen haben.

12.3 Laufende Verwaltung und Anpassung

Ein großer Vorteil von GlobalBlock ist die zentrale Verwaltung, die es Ihnen ermöglicht, den Schutz Ihrer digitalen Identität laufend zu überwachen und anzupassen:

- **Dashboard-Nutzung**: Behalten Sie den Überblick über Ihre geschützten Domains, potenzielle Bedrohungen und freigegebene Ressourcen.
- **Automatisierte Berichterstattung**: Nutzen Sie regelmäßige Berichte, um Einblicke in neue Bedrohungen und den Schutzstatus Ihrer Marke zu erhalten.
- **Flexibilität bei der Domainnutzung**: Blockierte Domains können bei Bedarf reaktiviert und für

spezifische Kampagnen oder Märkte genutzt werden.

12.4 Integration in bestehende Geschäftsprozesse

GlobalBlock kann problemlos in bestehende Geschäftsprozesse integriert werden:

- **Marketing und Branding**: Nutzen Sie GlobalBlock, um Domains für neue Kampagnen freizugeben und Ihre Marke global konsistent zu präsentieren.
- **Rechtsabteilung**: Minimieren Sie den Bedarf an rechtlichen Auseinandersetzungen durch präventiven Schutz.
- **IT- und Sicherheitsteams**: Profitieren Sie von automatisierten Funktionen und Echtzeit-Überwachung, um Bedrohungen schneller zu erkennen.

12.5 Vorteile für kleine und große Unternehmen

GlobalBlock ist sowohl für kleine und mittelständische Unternehmen (KMUs) als auch für große Konzerne geeignet:

- **Für KMUs**: Die einfache Bedienung und kosteneffiziente Lösung ermöglichen es auch Unternehmen mit begrenzten Ressourcen, ihre Marke effektiv zu schützen.
- **Für große Unternehmen**: Die erweiterte Abdeckung und Automatisierung machen

GlobalBlock ideal für die Verwaltung komplexer Markenportfolios.

12.6 Praxisbeispiele: Erfolgsgeschichten

Ein Start-up im E-Commerce:
Ein junges Unternehmen setzte GlobalBlock ein, um seinen Firmennamen und wichtige Namensvarianten zu schützen. Dies ermöglichte es dem Start-up, sich auf das Wachstum zu konzentrieren, ohne sich Sorgen über Cybersquatting oder Phishing machen zu müssen.

Ein globaler Technologiekonzern:
Ein etablierter Konzern nutzte GlobalBlock+, um seine digitale Identität in Web3-Domains zu sichern und gleichzeitig Look-alike-Domains zu blockieren, die häufig für Phishing-Angriffe genutzt wurden.

Ein regionaler Dienstleister:
Ein mittelständisches Unternehmen konnte mit GlobalBlock seine Marke vor Missbrauch schützen und gleichzeitig blockierte Domains für spezifische Marketingkampagnen reaktivieren.

12.7 Langfristige Sicherung der digitalen Identität

Der Schutz Ihrer Marke ist kein einmaliges Projekt, sondern ein fortlaufender Prozess. Mit GlobalBlock können Sie sicherstellen, dass Ihre digitale Identität langfristig geschützt bleibt:

- **Regelmäßige Aktualisierungen**: Neue Domainendungen und Bedrohungen werden laufend in das Schutzprogramm integriert.
- **Skalierbarkeit**: GlobalBlock wächst mit Ihrem Unternehmen und passt sich an neue Herausforderungen an.
- **Zukunftssicherheit**: Mit der Unterstützung für Web3-Domains und andere neue Technologien ist Ihre Marke auch in der digitalen Zukunft sicher.

GlobalBlock bietet Unternehmen aller Größen eine einfache und effektive Möglichkeit, ihre digitale Identität zu schützen. Durch die Kombination aus zentraler Verwaltung, Flexibilität und technologischer Innovation ist es die ideale Lösung, um Marken vor Missbrauch zu bewahren und gleichzeitig auf die Herausforderungen der digitalen Zukunft vorbereitet zu sein.

Kapitel 13: Die Zukunft des Markenschutzes mit GlobalBlock

Mit der stetigen Weiterentwicklung der digitalen Welt wird der Schutz von Marken und digitalen Identitäten immer komplexer. Unternehmen müssen sich nicht nur gegen bestehende Bedrohungen wie Cybersquatting und Phishing wappnen, sondern auch auf kommende Herausforderungen vorbereitet sein. **GlobalBlock** steht an der Spitze dieser Entwicklung und bietet zukunftssichere Lösungen, um Marken langfristig zu schützen.

13.1 Die wachsende digitale Bedrohung

Die digitale Landschaft entwickelt sich rasant, und mit ihr nehmen auch die Risiken zu:

- **Neue TLDs**: Die Einführung neuer Domainendungen schafft mehr Möglichkeiten für Marken, aber auch mehr Angriffsflächen für Missbrauch.
- **Web3 und Blockchain**: Mit der wachsenden Bedeutung dezentraler Technologien wird der Schutz von Web3-Domains wie „.crypto" oder „.eth" unverzichtbar.
- **Automatisierte Angriffe**: Betrüger setzen zunehmend auf automatisierte Tools, um Domains zu registrieren und betrügerische Inhalte zu erstellen.

Diese Trends zeigen, dass ein statischer Markenschutz nicht ausreicht. Unternehmen benötigen dynamische Lösungen, die mit den Herausforderungen wachsen.

13.2 Innovationen von GlobalBlock für die Zukunft

GlobalBlock investiert kontinuierlich in die Weiterentwicklung seiner Technologie, um den steigenden Anforderungen gerecht zu werden. Zu den wichtigsten Innovationen gehören:

- **Erweiterte Abdeckung**: Die Abdeckung soll auf bis zu 800 TLDs erweitert werden, einschließlich neuer und spezialisierter Domainendungen.
- **Web3-Integration**: GlobalBlock bietet umfassenden Schutz für Blockchain-basierte Domains, um Unternehmen und Markeninhaber auf die dezentrale digitale Zukunft vorzubereiten.
- **Machine Learning**: Durch den Einsatz von künstlicher Intelligenz wird die Erkennung von Bedrohungen weiter verbessert, sodass potenzielle Risiken frühzeitig erkannt und blockiert werden können.

13.3 Anpassung an neue Geschäftsmodelle

Mit der Digitalisierung verändern sich auch die Geschäftsmodelle vieler Unternehmen. GlobalBlock ermöglicht es Markeninhabern, flexibel auf diese Veränderungen zu reagieren:

- **Schutz neuer Marken und Produkte**: Unternehmen können schnell neue Namen und Marken schützen, um auf Marktveränderungen zu reagieren.
- **Integration in globale Strategien**: Der Schutz kann auf neue Märkte ausgeweitet werden, um internationale Expansionen abzusichern.
- **Flexibilität für Web3-Strategien**: Unternehmen, die in die Blockchain-Technologie investieren, können ihre digitalen Assets nahtlos in den Schutz integrieren.

13.4 Zusammenarbeit mit Branchenführern

GlobalBlock arbeitet eng mit führenden Unternehmen und Institutionen zusammen, um sicherzustellen, dass der Schutz stets auf dem neuesten Stand ist. Diese Partnerschaften ermöglichen:

- **Schnelle Reaktion auf neue Bedrohungen**: Durch die Zusammenarbeit mit Branchenexperten kann GlobalBlock schnell auf neue Angriffsvektoren reagieren.
- **Entwicklung neuer Standards**: GlobalBlock trägt zur Entwicklung von Standards bei, die den Markenschutz weltweit verbessern.

13.5 Nachhaltigkeit im digitalen Schutz

Ein oft übersehener Aspekt des digitalen Schutzes ist die Nachhaltigkeit. GlobalBlock legt Wert auf:

- **Effiziente Ressourcennutzung**: Durch Automatisierung und zentrale Verwaltung werden Ressourcen geschont.
- **Langfristige Sicherheit**: Unternehmen können sicher sein, dass ihre Marken nicht nur heute, sondern auch in Zukunft geschützt bleiben.

13.6 Fallbeispiele: GlobalBlock als Zukunftslösung

Ein führender Online-Händler:
Ein E-Commerce-Unternehmen nutzte GlobalBlock, um sich auf neue TLDs wie „.shop" und „.online" vorzubereiten. Dies ermöglichte es, die Marke in neuen Märkten zu etablieren, während der Schutz bestehender Domains gewährleistet blieb.

Ein globales Finanzinstitut:
Eine Bank setzte GlobalBlock+ ein, um Look-alike-Domains in Echtzeit zu erkennen und zu blockieren. Die Integration von Web3-Domains bereitete das Unternehmen auf die dezentrale Zukunft vor.

Ein Start-up im Blockchain-Bereich:
Ein junges Unternehmen nutzte GlobalBlock, um seine Marke in der Blockchain zu sichern und gleichzeitig seine digitale Identität über klassische und neue Domainendungen hinweg zu schützen.

GlobalBlock ist nicht nur eine Lösung für den aktuellen Markenschutz, sondern auch eine Investition in die Zukunft. Mit innovativen Technologien, einer erweiterten Abdeckung und der Integration von Web3-Domains bietet GlobalBlock Unternehmen die Werkzeuge, die sie benötigen, um sich in einer sich schnell verändernden digitalen Welt zu behaupten. Die kontinuierliche Weiterentwicklung und Zusammenarbeit mit Branchenführern stellt sicher, dass GlobalBlock auch künftigen Herausforderungen gewachsen ist.

Kapitel 14: Die Bedeutung von GlobalBlock für kleine und mittlere Unternehmen (KMUs)

Während große Konzerne häufig über umfassende Ressourcen für den Schutz ihrer Marken verfügen, stehen kleine und mittlere Unternehmen (KMUs) oft vor besonderen Herausforderungen. Ihr begrenztes Budget und ihre eingeschränkten personellen Kapazitäten machen es schwierig, ihre digitale Identität effektiv zu schützen. **GlobalBlock** bietet eine erschwingliche und praktische Lösung, die speziell auf die Bedürfnisse von KMUs zugeschnitten ist.

14.1 Herausforderungen für KMUs im digitalen Raum

KMUs sind im digitalen Raum ebenso angreifbar wie große Unternehmen, aber häufig fehlen ihnen die Mittel, um ihre Marke umfassend zu schützen. Zu den häufigsten Problemen gehören:

- **Cybersquatting**: Betrüger registrieren Domains mit dem Namen eines Unternehmens und verlangen hohe Summen für die Freigabe.
- **Phishing-Angriffe**: Gefälschte Websites, die auf den Namen eines Unternehmens verweisen, können Kunden täuschen und Schaden anrichten.
- **Mangelnde Ressourcen**: KMUs verfügen oft nicht über dedizierte IT- oder Rechtsteams, um sich gegen solche Bedrohungen zu wehren.

Diese Herausforderungen können nicht nur finanzielle Konsequenzen haben, sondern auch das Vertrauen der Kunden beeinträchtigen.

14.2 GlobalBlock als erschwingliche Lösung

GlobalBlock wurde entwickelt, um Unternehmen jeder Größe einen umfassenden Markenschutz zu bieten. Für KMUs bedeutet dies:

- **Kosteneffizienz**: Durch die zentrale Verwaltung und die Möglichkeit, Domains in einer einzigen Transaktion zu blockieren, entfallen die hohen Kosten für individuelle Domainregistrierungen.
- **Skalierbarkeit**: KMUs können klein anfangen und ihren Schutz schrittweise erweitern, wenn ihr Geschäft wächst.
- **Einfachheit**: Die benutzerfreundliche Plattform erfordert keine technischen Vorkenntnisse, was sie ideal für kleinere Teams macht.

14.3 Wichtige Funktionen für KMUs

Die Funktionen von GlobalBlock bieten KMUs gezielte Vorteile:

- **Zentralisierte Verwaltung**: KMUs können ihre Marke über hunderte Domainendungen hinweg schützen, ohne dass ein aufwendiges Management erforderlich ist.

77

- **Flexibilität**: Blockierte Domains können bei Bedarf freigegeben und genutzt werden, etwa für Marketingkampagnen oder Expansionen.
- **Schutz für unregistrierte Marken**: Viele KMUs nutzen Markennamen, die noch nicht offiziell registriert sind. GlobalBlock bietet auch für diese Namen Schutz.

14.4 Praktische Vorteile für KMUs

Die Nutzung von GlobalBlock bringt für KMUs mehrere praktische Vorteile mit sich:

- **Schutz vor Wettbewerbern**: Wettbewerber können nicht mehr auf ähnliche oder gleichlautende Domains zugreifen, um das Unternehmen zu imitieren oder zu schädigen.
- **Verbesserte Glaubwürdigkeit**: Kunden vertrauen eher Unternehmen, deren Marke professionell geschützt ist.
- **Zeitersparnis**: Anstatt sich mit der Verwaltung einzelner Domains zu beschäftigen, können sich KMUs auf ihr Kerngeschäft konzentrieren.

14.5 Beispiele aus der Praxis

Ein regionaler Handwerksbetrieb:
Ein lokaler Dienstleister nutzte GlobalBlock, um seinen Firmennamen vor Cybersquatting zu schützen. Dies bewahrte das Unternehmen vor kostspieligen

Domainkäufen und half, das Vertrauen seiner Kunden zu stärken.

Ein aufstrebendes Start-up:
Ein junges Unternehmen im E-Commerce sicherte seinen Namen mit GlobalBlock, um den Markenschutz zu gewährleisten, bevor es in neue Märkte expandierte. Die einfache Nutzung der Plattform ermöglichte es dem Team, sich auf das Unternehmenswachstum zu konzentrieren.

Ein Familienunternehmen im Einzelhandel:
Ein mittelständisches Unternehmen setzte GlobalBlock+ ein, um Look-alike-Domains zu blockieren, die für Phishing-Angriffe auf Kunden verwendet wurden. Die Integration in bestehende Sicherheitsmaßnahmen half, den Schutz weiter zu verbessern.

14.6 Langfristige Vorteile für KMUs

Der Einsatz von GlobalBlock bietet KMUs nicht nur kurzfristige Sicherheit, sondern auch langfristige Vorteile:

- **Markenstärkung**: Ein geschützter Markenname trägt dazu bei, das Vertrauen von Kunden und Partnern zu gewinnen.
- **Wettbewerbsvorteil**: KMUs können sich von Mitbewerbern abheben, indem sie ihre digitale Präsenz professionell schützen.
- **Zukunftssicherheit**: Mit der Unterstützung für Web3-Domains und neuen Technologien bleibt die Marke auch in der digitalen Zukunft geschützt.

Für KMUs ist der Schutz ihrer Marke im digitalen Raum unerlässlich, um sich gegen Bedrohungen wie Cybersquatting und Phishing zu schützen. GlobalBlock bietet eine erschwingliche und effektive Lösung, die speziell auf die Bedürfnisse kleiner und mittlerer Unternehmen zugeschnitten ist. Mit Funktionen wie zentraler Verwaltung, Flexibilität und Schutz für unregistrierte Marken können KMUs ihre digitale Identität sichern und ihr Geschäft langfristig stärken.

Kapitel 15: GlobalBlock für globale Konzerne

Während kleine und mittlere Unternehmen (KMUs) spezifische Schutzanforderungen haben, stehen globale Konzerne vor noch komplexeren Herausforderungen. Ihre Marken sind weltweit präsent, und die Verwaltung großer Domainportfolios sowie der Schutz vor Cybersquatting und Markenpiraterie sind entscheidend, um ihre digitale Identität zu sichern. **GlobalBlock** bietet auch für globale Konzerne eine leistungsstarke Lösung, die auf ihre umfangreichen Anforderungen zugeschnitten ist.

15.1 Herausforderungen globaler Marken

Globale Konzerne müssen sich mit einer Vielzahl von Risiken auseinandersetzen, die durch ihre große Reichweite und Bekanntheit entstehen:

- **Markenmissbrauch auf internationaler Ebene**: Betrüger nutzen Domains mit bekannten Markennamen, um Phishing-Angriffe durchzuführen oder Kunden zu täuschen.
- **Komplexe Domainportfolios**: Multinationale Unternehmen besitzen oft tausende Domains, die effizient verwaltet werden müssen.
- **Neue Technologien und Bedrohungen**: Mit der Verbreitung von Web3-Domains und Blockchain-basierten Technologien steigt die Notwendigkeit, auch diese neuen Bereiche abzudecken.

15.2 Die umfassende Abdeckung von GlobalBlock

Für globale Konzerne ist die Abdeckung ein

entscheidender Faktor. Mit mehr als 600 unterstützten Domainendungen – und der geplanten Erweiterung auf 800 TLDs – bietet GlobalBlock eine Lösung, die sich perfekt für internationale Marken eignet:

- **Spezialisierte TLDs**: Zusätzliche Domainendungen wie „.ai" oder „.mu" werden laufend integriert.
- **Web3-Domains**: Blockchain-basierte Endungen wie „.crypto" oder „.eth" werden ebenfalls blockiert, um die Marke auch in der dezentralen digitalen Welt zu schützen.

15.3 Effizientes Management großer Domainportfolios

Die Verwaltung großer Domainportfolios ist eine der größten Herausforderungen für globale Konzerne. GlobalBlock bietet Tools, die speziell für diese Aufgabe entwickelt wurden:

- **Zentralisierte Verwaltung**: Alle Domains und Blockierungen können über ein einziges Dashboard verwaltet werden.
- **Automatisierung**: Routineaufgaben wie die Erkennung und Blockierung von Look-alike-Domains werden automatisiert, was den Aufwand erheblich reduziert.
- **Berichterstattung und Analysen**: Detaillierte Berichte bieten Einblicke in den Schutzstatus der Marke und identifizieren potenzielle Bedrohungen.

15.4 Schutz vor Markenpiraterie und Phishing

Globale Marken sind ein bevorzugtes Ziel von Markenpiraten und Phishing-Angreifern. Mit GlobalBlock können Konzerne ihre digitale Identität effektiv schützen:

- **Look-alike-Domains** Varianten des Markennamens werden automatisch blockiert, um Phishing-Angriffe zu verhindern.
- **Proaktive Prävention**: Domains werden blockiert, bevor sie registriert werden können, was das Risiko von Cybersquatting minimiert.
- **Priority AutoCatch**: Abgelaufene Domains, die mit dem Markennamen übereinstimmen, werden automatisch gesichert, bevor sie von Dritten registriert werden können.

15.5 Integration in bestehende Sicherheitsstrategien

GlobalBlock lässt sich nahtlos in die bestehenden Sicherheits- und IT-Systeme globaler Konzerne integrieren:

- **Zusammenarbeit mit IT- und Rechtsteams**: Die Plattform arbeitet eng mit internen Teams zusammen, um einen umfassenden Schutz zu gewährleisten.
- **Ergänzung zu bestehenden Schutzmaßnahmen**: GlobalBlock kann andere Sicherheitslösungen wie Firewalls und Monitoring-Systeme ergänzen, um eine ganzheitliche Sicherheitsstrategie zu schaffen.

- **Skalierbarkeit**: Die Lösung wächst mit den Anforderungen des Unternehmens und kann flexibel angepasst werden.

15.6 Beispiele aus der Praxis

Ein internationaler Technologiekonzern:
Ein Technologiekonzern setzte GlobalBlock+ ein, um Look-alike-Domains zu blockieren, die für Phishing-Angriffe genutzt wurden. Die Integration von Web3-Domains sicherte die Marke auch in der dezentralen digitalen Welt.

Ein Finanzinstitut mit globaler Reichweite:
Eine große Bank nutzte GlobalBlock, um ihre Domainportfolios effizient zu verwalten. Mit GlobalBlock kann Phishing durch Missbrauch von Domainnamen verhindert werden. So stärkte Globalblock das Vertrauen der Kunden der Bank.

15.7 Langfristige Vorteile für globale Konzerne

GlobalBlock bietet globale Lösungen, die nicht nur aktuellen Anforderungen entsprechen, sondern auch zukünftige Herausforderungen adressieren:

- **Zukunftssicherheit**: Mit der Integration neuer Technologien wie Web3-Domains bleibt die Marke langfristig geschützt. Selbst wenn in Zukunft alle Domainendungen auf Blockchain-Technologie und nicht mehr auf dem bisherigen Domain Name System (DNS) beruhen würde, wäre GlobalBlock als KI-Technologie in der Lage weiterhin Marken effizient zu schützen.

- **Kosteneffizienz**: Durch die zentrale Verwaltung werden Ressourcen optimiert und Kosten gesenkt.
- **Markenstärkung**: Ein umfassender Schutz stärkt das Vertrauen von Kunden und Partnern und sichert die Position der Marke im globalen Wettbewerb.

Globale Konzerne benötigen eine umfassende und flexible Lösung, um ihre Marken vor Missbrauch zu schützen. GlobalBlock bietet die Abdeckung, Automatisierung und Effizienz, die erforderlich sind, um große Domainportfolios zu verwalten und gleichzeitig Bedrohungen wie Cybersquatting und Phishing zu bekämpfen. Mit GlobalBlock sind internationale Marken optimal für die digitale Zukunft gerüstet.

Kapitel 16: Die Rolle von GlobalBlock in der Markenstrategie

Markenschutz ist ein zentraler Bestandteil jeder Markenstrategie. In einer Welt, in der digitale Präsenz zunehmend den Erfolg von Unternehmen und Marken definiert, bietet **GlobalBlock** eine entscheidende Unterstützung. Dieses Kapitel beleuchtet, wie GlobalBlock als integraler Bestandteil einer umfassenden Markenstrategie fungiert und warum der Schutz der digitalen Identität heute wichtiger denn je ist.

16.1 Markenstrategie im digitalen Zeitalter

Eine effektive Markenstrategie umfasst weit mehr als das Design eines Logos oder die Entwicklung einer Werbekampagne. Heutzutage ist die digitale Präsenz einer Marke ein entscheidender Faktor für ihren Erfolg. Eine starke digitale Markenstrategie erfordert:

- **Konsistenz**: Die Marke muss auf allen Plattformen und in allen Märkten einheitlich auftreten.
- **Sichtbarkeit**: Kunden müssen die Marke leicht finden und identifizieren können.
- **Schutz vor Missbrauch**: Die Marke muss vor Bedrohungen wie Cybersquatting, Markenpiraterie und Phishing geschützt werden.

GlobalBlock unterstützt Unternehmen dabei, diese Anforderungen zu erfüllen, indem es sicherstellt, dass die digitale Identität der Marke geschützt bleibt.

86

16.2 GlobalBlock als Schutzschild der Marke

Der Schutz der Marke ist ein wesentlicher Bestandteil jeder Strategie, die auf langfristigen Erfolg abzielt. GlobalBlock fungiert als digitales Schutzschild, das Markeninhabern hilft, ihre Identität zu bewahren und ihren Ruf zu sichern:

- **Blockierung von Look-alike-Domains**: Betrügerische Domains, die der Marke ähneln, werden blockiert, bevor sie registriert werden können.
- **Flexibilität bei der Domainnutzung**: Unternehmen können blockierte Domains bei Bedarf reaktivieren und für spezifische Kampagnen nutzen.
- **Integration neuer Technologien**: Mit der Unterstützung für Web3-Domains stellt GlobalBlock sicher, dass die Marke auch in der dezentralen digitalen Welt geschützt bleibt.

16.3 Aufbau von Vertrauen und Glaubwürdigkeit

Eine geschützte Marke stärkt das Vertrauen und die Glaubwürdigkeit bei Kunden und Partnern. GlobalBlock trägt dazu bei, indem es:

- **Betrügerische Aktivitäten verhindert**, die den Ruf der Marke schädigen könnten.
- **Konsistenz in der digitalen Präsenz sicherstellt**, sodass Kunden die Marke leicht erkennen können.
- **Schutz in neuen Märkten bietet**, wodurch die Marke ihre Reichweite sicher ausbauen kann.

16.4 Integration in die Marketingstrategie

GlobalBlock unterstützt nicht nur den Schutz der Marke, sondern ist auch ein wertvolles Werkzeug für die Marketingstrategie:

- **Schutz während Kampagnen**: Blockierte Domains können vorübergehend freigegeben werden, um neue Produkte oder Dienstleistungen zu bewerben.
- **Verhinderung von Wettbewerbsdruck**: Mit GlobalBlock können Unternehmen verhindern, dass Konkurrenten ähnliche Domains registrieren und nutzen.
- **Globale Konsistenz**: Marken können sicherstellen, dass ihre Präsenz in allen Märkten einheitlich ist, was für globale Marketingkampagnen entscheidend ist.

16.5 Einbindung von GlobalBlock in die Unternehmensstrategie

Die Einbindung von GlobalBlock in die Unternehmensstrategie ist einfach und effizient:

- **Zusammenarbeit mit Teams**: GlobalBlock lässt sich nahtlos mit IT-, Marketing- und Rechtsteams integrieren.
- **Skalierbare Lösungen**: Unternehmen können den Schutz schrittweise ausbauen, um ihre Markenstrategie anzupassen.

- **Langfristiger Nutzen**: Durch die kontinuierliche Überwachung und den proaktiven Schutz bleibt die Marke auch in der Zukunft sicher.

16.6 Beispiele für den strategischen Einsatz

Ein globales Modeunternehmen:
Ein international tätiges Unternehmen nutzte GlobalBlock, um seine Marke in neuen Märkten zu schützen. Während einer groß angelegten Marketingkampagne konnten blockierte Domains aktiviert und für die Kampagne genutzt werden.

Ein Technologiekonzern mit globaler Präsenz:
Ein führendes Unternehmen der Technologiebranche integrierte GlobalBlock in seine Unternehmensstrategie, um die Marke vor Cybersquatting zu schützen und gleichzeitig die Expansion in den Bereich der Web3-Domains zu sichern.

Ein aufstrebendes Start-up:
Ein junges Unternehmen im Bereich nachhaltiger Technologien setzte GlobalBlock ein, um seine Markenstrategie zu unterstützen. Dies ermöglichte es dem Start-up, sich in einem hart umkämpften Markt zu etablieren und gleichzeitig das Vertrauen der Kunden zu gewinnen.

16.7 Die Zukunft der Markenstrategie mit GlobalBlock

Mit der zunehmenden Bedeutung der digitalen Präsenz wird der Schutz der Marke weiterhin ein zentraler Bestandteil jeder Markenstrategie sein. GlobalBlock bietet Unternehmen die Möglichkeit, ihre Strategie zu stärken, indem es:

- **Schutz in der digitalen und dezentralen Welt (Web 3.0) bietet**.
- **Globale Reichweite und lokale Präsenz kombiniert**.
- **Flexibilität und Anpassungsfähigkeit gewährleistet**, um auf neue Herausforderungen zu reagieren.

GlobalBlock ist mehr als nur ein Schutzdienst – es ist ein strategisches Werkzeug, das Unternehmen dabei unterstützt, ihre Marke langfristig zu sichern und zu stärken. Durch die Integration in die Markenstrategie können Unternehmen nicht nur ihre digitale Identität schützen, sondern auch Vertrauen aufbauen, ihre Reichweite erweitern und ihre Marketingziele erreichen.

Kapitel 17: Der rechtliche Rahmen für Markenschutz im digitalen Raum

Der Schutz von Marken im digitalen Raum ist nicht nur eine strategische, sondern auch eine rechtliche Herausforderung. Die fortschreitende Digitalisierung und die Einführung neuer Technologien haben die rechtlichen Rahmenbedingungen für Markenschutz verändert. **GlobalBlock** unterstützt Unternehmen dabei, diese Herausforderungen zu meistern, indem es präventiv arbeitet und Unternehmen vor potenziellen rechtlichen Konflikten schützt.

17.1 Die Bedeutung des rechtlichen Markenschutzes

Markenrechtliche Schutzmechanismen spielen eine entscheidende Rolle, um Unternehmen und Markeninhaber vor Missbrauch zu bewahren. Dazu gehören:

- **Exklusivitätsrechte**: Markeninhaber haben das Recht, den Namen ihrer Marke exklusiv zu nutzen und die unautorisierte Verwendung durch Dritte zu verhindern.
- **Schutz vor Verwechslung**: Das Markenrecht schützt vor der Nutzung ähnlicher Namen oder Begriffe, die Verwirrung bei den Verbrauchern stiften könnten.
- **Rechtliche Handhabe gegen Missbrauch**: Markeninhaber können rechtliche Schritte

einleiten, um gegen Cybersquatting, Phishing und Markenpiraterie vorzugehen.

17.2 Herausforderungen im digitalen Raum

Der digitale Raum bringt spezifische rechtliche Herausforderungen mit sich, die über die traditionellen Schutzmechanismen hinausgehen:

- **Globale Rechtsfragen**: Domainnamen und digitale Identitäten erstrecken sich oft über mehrere Länder, was unterschiedliche rechtliche Rahmenbedingungen und Gerichtsbarkeiten betrifft.
- **Neue Bedrohungen**: Mit der Einführung von Web3-Domains und Blockchain-Technologien entstehen neue Grauzonen im Markenrecht, da diese Domains oft außerhalb traditioneller Regulierungen liegen.
- **Zeitaufwendige Verfahren**: Rechtliche Schritte gegen Missbrauch sind oft langwierig und kostspielig, insbesondere bei internationalen Konflikten.

17.3 Wie GlobalBlock rechtliche Herausforderungen löst

GlobalBlock minimiert rechtliche Risiken, indem es Unternehmen ermöglicht, ihre Marken präventiv zu schützen:

- **Proaktive Blockierung**: Domains, die den Markennamen enthalten oder ihm ähneln, werden blockiert, bevor sie registriert werden können.
- **Schutz unregistrierter Marken**: Auch Namen, die noch nicht offiziell registriert sind, können geschützt werden, was eine wichtige Ergänzung zum traditionellen Markenrecht darstellt.
- **Integration von Web3-Domains**: Durch die Unterstützung für Blockchain-basierte Domains schließt GlobalBlock rechtliche Lücken, die durch diese neuen Technologien entstehen.

17.4 Die Rolle der UDRP im Markenschutz

Die Uniform Domain-Name Dispute-Resolution Policy (UDRP) ist ein wichtiges Instrument im Kampf gegen Cybersquatting. Sie ermöglicht Markeninhabern, rechtliche Schritte einzuleiten, wenn ihre Marke durch eine Domain vor der Buchung von GlobalBlock verletzt wurde. GlobalBlock ergänzt bzw. unterstützt diese rechtlichen Maßnahmen durch:

- **Präventive Maßnahmen**: Domains werden blockiert, bevor sie registriert und rechtlich angefochten werden müssen.
- **Echtzeit-Überwachung**: Potenzielle Konflikte werden frühzeitig erkannt, sodass Unternehmen schneller handeln können.
- **Unterstützung bei rechtlichen Verfahren**: GlobalBlock bietet Daten und Analysen, die bei rechtlichen Auseinandersetzungen hilfreich sind.

Es ist klüger Markenverletzungen proaktiv zu verhindern als darauf zu hoffen, z.B. durch WIPO in einem UDRP-Verfahren seine Domain zurückzuerhalten. Markeninhaber gewinnen nur 60% aller Verfahren vor WIPO.

17.5 Internationale Perspektiven und lokale Anforderungen

Ein großer Vorteil von GlobalBlock ist die Fähigkeit, globale und lokale Anforderungen gleichzeitig zu berücksichtigen:

- **Globale Reichweite**: Mit einer Abdeckung von über 600 TLDs und der Integration internationaler Domainendungen bietet GlobalBlock Schutz in allen wichtigen Märkten.
- **Anpassung an lokale Gesetze**: Unternehmen können ihre Schutzstrategie an spezifische rechtliche Anforderungen in ihren Zielmärkten anpassen.

17.6 Praktische Beispiele für rechtliche Konfliktvermeidung

Ein internationaler Modemarke:
Ein Modeunternehmen nutzte GlobalBlock, um Cybersquatting in verschiedenen Ländern zu verhindern. Dies bewahrte das Unternehmen nicht nur vor kostspieligen Rechtsstreitigkeiten, sondern auch vor potenziellen Reputationsschäden.

Ein global tätiger Finanzdienstleister:
Ein Finanzunternehmen setzte GlobalBlock ein, um Look-alike-Domains zu blockieren, die für Phishing-Angriffe verwendet wurden. Die präventive Blockierung verhinderte rechtliche Auseinandersetzungen mit betroffenen Kunden.

Ein aufstrebendes Technologie-Start-up:
Ein junges Unternehmen nutzte GlobalBlock, um seinen Markennamen global zu schützen, bevor es zu rechtlichen Konflikten durch internationale Domainregistrierungen kommen konnte.

17.7 Langfristige Vorteile des rechtlichen Schutzes

GlobalBlock bietet nicht nur kurzfristige Sicherheit, sondern auch langfristige rechtliche Vorteile:

- **Minimierung von Risiken**: Durch die präventive Blockierung von Domains wird das Risiko rechtlicher Konflikte deutlich reduziert.
- **Kosteneinsparungen**: Unternehmen können teure und zeitaufwendige Rechtsstreitigkeiten vermeiden.
- **Stärkung der Marke**: Ein umfassender Schutz trägt dazu bei, die Integrität und Glaubwürdigkeit der Marke zu bewahren.

Der rechtliche Rahmen für Markenschutz ist im digitalen Raum von zentraler Bedeutung. GlobalBlock bietet Unternehmen die Möglichkeit, ihre Marken proaktiv zu schützen und rechtliche Konflikte zu vermeiden. Durch die Integration moderner Technologien und die Berücksichtigung globaler und lokaler Anforderungen ist GlobalBlock eine unverzichtbare Lösung für den rechtlichen Markenschutz.

Kapitel 18: GlobalBlock und die Integration von Web3-Technologien

Die digitale Landschaft befindet sich in einem rasanten Wandel, und Web3-Technologien stehen im Mittelpunkt dieser Entwicklung. Blockchain-basierte Domains wie „.crypto" und „.eth" sowie dezentrale Plattformen eröffnen neue Möglichkeiten für Unternehmen und Marken, stellen aber auch neue Herausforderungen dar. **GlobalBlock** bietet eine zukunftssichere Lösung, die Unternehmen bei der Integration und Sicherung ihrer digitalen Identität in der Web3-Welt unterstützt.

18.1 Was ist Web3, und warum ist es relevant?

Web3 bezeichnet die nächste Generation des Internets, die auf dezentralen Technologien wie Blockchain basiert. Im Gegensatz zum traditionellen Web2, das zentralisierte Server nutzt, ermöglicht Web3 die Speicherung und Verwaltung von Daten auf verteilten Netzwerken. Dies hat mehrere Auswirkungen:

- **Blockchain-Domains**: Domains wie „.crypto" oder „.eth" sind nicht zentral registriert, sondern dauerhaft in der Blockchain gespeichert. Sie sind unveränderlich und können nicht gelöscht werden.
- **Neue digitale Identitäten**: Web3-Domains bieten Marken die Möglichkeit, ihre Identität in dezentralen Netzwerken zu etablieren.

- **Erweiterte Nutzungsfälle**: Web3-Domains können nicht nur als Websites, sondern auch als Wallet-Adressen und für Smart Contracts genutzt werden.

18.2 Herausforderungen im Web3-Markenschutz

Während Web3 spannende Möglichkeiten bietet, gibt es auch erhebliche Risiken:

- **Cybersquatting in der Blockchain**: Einmal registrierte Blockchain-Domains können nicht geändert oder entfernt werden, was sie zu einem attraktiven Ziel für Betrüger macht.
- **Markenpiraterie**: Betrüger könnten Blockchain-Domains registrieren, die den Namen einer Marke tragen, und diese für illegale Aktivitäten nutzen.
- **Mangel an Regulierungen**: Traditionelle rechtliche Mechanismen greifen oft nicht, da Blockchain-Domains außerhalb der Zuständigkeit von nationalen Behörden liegen.

18.3 Wie GlobalBlock Marken im Web3 schützt

GlobalBlock bietet spezielle Funktionen, um Marken und Unternehmen im Web3-Bereich zu schützen:

- **Blockierung von Blockchain-Domains**: GlobalBlock verhindert, dass Marken- oder Unternehmensnamen in Web3-Domains registriert werden können.

- **Look-alike-Schutz**: Auch Schreibfehler und ähnliche Namen werden automatisch erkannt und blockiert.
- **Integration in bestehende Schutzstrategien**: Web3-Domains können nahtlos in die traditionelle Markenstrategie eingebunden werden.

18.4 Vorteile von GlobalBlock für Web3-Domains

Die Integration von Web3-Domains in den Schutz durch GlobalBlock bietet mehrere Vorteile:

- **Proaktiver Schutz**: Domains werden blockiert, bevor sie missbraucht werden können.
- **Zukunftssicherheit**: Unternehmen können ihre Marke bereits jetzt in der Blockchain-Welt etablieren und schützen.
- **Einfache Verwaltung**: Web3-Domains werden genauso einfach verwaltet wie traditionelle Domains.

18.5 Praxisbeispiele: Web3 in der Anwendung

Ein globaler Technologiekonzern:
Ein führendes Technologieunternehmen nutzte GlobalBlock, um seinen Markennamen in „.crypto"- und „.eth"-Domains zu sichern. Dies verhinderte, dass Betrüger diese Domains registrierten und für Phishing-Angriffe oder illegale Aktivitäten nutzten.

Ein Blockchain-Start-up:
Ein junges Unternehmen, das auf dezentrale
Finanzdienstleistungen spezialisiert ist, setzte GlobalBlock
ein, um seine Web3-Domains zu sichern und gleichzeitig
Look-alike-Domains zu blockieren. Dies stärkte die
Glaubwürdigkeit des Unternehmens in einem hart
umkämpften Markt.

Eine globale Modemarke:
Eine bekannte Modemarke integrierte Web3-Domains in
ihre digitale Strategie, um ihre Präsenz in der dezentralen
digitalen Welt zu stärken. GlobalBlock stellte sicher, dass
keine betrügerischen Domains registriert wurden.

18.6 Die Bedeutung von Web3 für die Markenstrategie

Web3 ist nicht nur eine technologische Entwicklung,
sondern auch eine strategische Chance für Marken:

- **Neue Zielgruppen**: Web3-Domains sprechen
  technikaffine und innovationsorientierte
  Zielgruppen an.
- **Erweiterte Funktionen**: Marken können Web3-
  Domains für digitale Zahlungen, NFTs und andere
  Blockchain-Anwendungen nutzen.
- **Langfristige Relevanz**: Unternehmen, die
  frühzeitig in Web3-Domains investieren, sichern
  ihre Position in der digitalen Zukunft.

Web3-Technologien eröffnen neue Möglichkeiten für Marken, bringen aber auch neue Risiken mit sich. GlobalBlock bietet eine umfassende Lösung, um Unternehmen bei der Integration und Sicherung ihrer digitalen Identität in der Blockchain-Welt zu unterstützen. Mit Funktionen wie der Blockierung von Blockchain-Domains und der nahtlosen Integration in bestehende Schutzstrategien ist GlobalBlock die ideale Lösung für Marken, die ihre Präsenz in der dezentralen digitalen Welt stärken möchten.

Kapitel 19: Die wirtschaftlichen Vorteile von GlobalBlock

Markenschutz ist nicht nur eine rechtliche oder strategische Notwendigkeit, sondern auch ein wirtschaftlicher Vorteil. Unternehmen, die ihre Marken proaktiv schützen, sparen Kosten, sichern ihre Einnahmen und schaffen langfristig einen Wettbewerbsvorteil. **GlobalBlock** unterstützt Unternehmen dabei, ihre wirtschaftlichen Ziele durch effizienten und umfassenden Markenschutz zu erreichen.

19.1 Kosten durch Markenmissbrauch

Markenmissbrauch kann erhebliche wirtschaftliche Folgen haben:

- **Verlorene Umsätze**: Gefälschte Produkte oder betrügerische Websites können Kunden von der echten Marke abziehen.
- **Rechtliche Kosten**: Die Durchsetzung von Markenrechten durch rechtliche Schritte ist oft zeit- und kostenintensiv.
- **Reputationsverlust**: Betrügerische Aktivitäten, die mit der Marke in Verbindung gebracht werden, können das Vertrauen der Kunden beeinträchtigen und zu Umsatzverlusten führen.

GlobalBlock minimiert diese Risiken, indem es Marken präventiv schützt und so potenzielle Kosten reduziert.

19.2 Kosteneffizienz durch GlobalBlock

Ein zentraler wirtschaftlicher Vorteil von GlobalBlock ist die Kosteneffizienz:

- **Zentrale Verwaltung**: Unternehmen müssen nicht mehr jede Domain einzeln registrieren, was die Verwaltungskosten erheblich senkt.
- **Automatisierte Prozesse**: Funktionen wie Priority AutoCatch und die automatische Blockierung von Look-alike-Domains reduzieren den Aufwand für manuelle Eingriffe.
- **Vermeidung von Rechtsstreitigkeiten**: Durch die präventive Blockierung von Domains entfallen teure und langwierige rechtliche Auseinandersetzungen.

19.3 Schutz der Einnahmen durch Vertrauen

Eine geschützte Marke schafft Vertrauen bei Kunden und Partnern, was sich direkt auf die Einnahmen auswirkt:

- **Verhinderung von Umsatzeinbußen**: Kunden werden nicht auf betrügerische Websites umgeleitet, sondern bleiben der echten Marke treu.
- **Stärkung der Kundenbindung**: Ein sicherer und geschützter Markenauftritt vermittelt Professionalität und Zuverlässigkeit.
- **Erweiterung der Zielgruppen**: Mit GlobalBlock können Unternehmen ihre Marke auch in neuen Märkten sicher etablieren und zusätzliche Einnahmequellen erschließen.

19.4 Wirtschaftlicher Nutzen für KMUs und Konzerne

Die wirtschaftlichen Vorteile von GlobalBlock erstrecken sich auf Unternehmen jeder Größe:

- **Für KMUs**: Die erschwingliche Lösung ermöglicht kleinen und mittelständischen Unternehmen den Zugang zu professionellem Markenschutz, ohne ihr Budget zu überlasten.
- **Für globale Konzerne**: Die zentrale Verwaltung und Automatisierung sparen Zeit und Ressourcen, die für strategische Initiativen genutzt werden können.

19.5 Langfristige wirtschaftliche Vorteile

Markenschutz ist eine Investition in die Zukunft. Unternehmen, die ihre Marke heute schützen, profitieren langfristig:

- **Nachhaltige Markenstärkung**: Ein geschützter Markenname erhöht den Wert der Marke und unterstützt das Unternehmenswachstum.
- **Wettbewerbsvorteil**: Unternehmen, die ihre digitale Identität aktiv schützen, können sich von Wettbewerbern abheben.
- **Flexibilität und Anpassungsfähigkeit**: Mit GlobalBlock können Unternehmen schnell auf Marktveränderungen reagieren, ohne zusätzliche Kosten für Domainregistrierungen oder Schutzmaßnahmen zu verursachen.

19.6 Fallbeispiele: Wirtschaftlicher Erfolg durch Markenschutz

Ein regionaler Dienstleister:
Ein mittelständisches Unternehmen nutzte GlobalBlock, um Look-alike-Domains zu blockieren, die Kunden auf betrügerische Websites umleiteten. Dies bewahrte das Unternehmen vor einem Umsatzverlust von über 15 %.

Ein innovatives Start-up:
Ein Technologie-Start-up integrierte GlobalBlock in seine Markenstrategie, um seine digitale Identität in neuen Märkten zu sichern. Dies ermöglichte es dem Unternehmen, zusätzliche Einnahmequellen zu erschließen und sein Wachstum zu beschleunigen.

19.7 Die wirtschaftliche Rolle von Web3-Domains

Mit der Integration von Web3-Domains bietet GlobalBlock auch wirtschaftliche Vorteile in der dezentralen digitalen Welt:

- **Neue Einnahmequellen**: Unternehmen können Web3-Domains nutzen, um innovative Produkte und Dienstleistungen anzubieten. Das Sichern der Web3-Domains in der Gegenwart schafft Zukunftsoffenheit, denn man kann sie später nutzen, falls in der Zukunft ein Unternehmen die Entscheidung trifft, Blockchain-Technologien für interne Prozesse zu nutzen und/oder als Produkt bzw. Dienstleistung auf dem Markt anzubieten.

- **Langfristige Relevanz**: Der Schutz von Blockchain-Domains stellt sicher, dass Unternehmen auch in Zukunft wettbewerbsfähig bleiben.

GlobalBlock bietet nicht nur Schutz, sondern auch wirtschaftliche Vorteile, indem es Kosten reduziert, Einnahmen sichert und den Markenwert steigert. Unternehmen jeder Größe profitieren von der Kosteneffizienz, Flexibilität und Zukunftssicherheit, die GlobalBlock bietet. Durch den Schutz der digitalen Identität schaffen Unternehmen die Grundlage für nachhaltiges Wachstum und wirtschaftlichen Erfolg.

Kapitel 20: GlobalBlock als langfristige Investition

Die Sicherung der digitalen Identität und der Schutz von Marken sind nicht nur kurzfristige Maßnahmen, sondern strategische Investitionen in die Zukunft eines Unternehmens. **GlobalBlock** bietet eine Lösung, die Unternehmen langfristig unterstützt, ihre Marken zu schützen, ihre Geschäftsziele zu erreichen und sich an die sich ständig ändernde digitale Landschaft anzupassen.

20.1 Warum Markenschutz eine langfristige Investition ist

Markenschutz geht weit über die Vermeidung von Bedrohungen hinaus – er schafft eine Grundlage für nachhaltiges Wachstum und Erfolg:

- **Erhaltung des Markenwerts**: Eine geschützte Marke behält ihren Wert und unterstützt die Markenloyalität. Die Bedeutung von Marken in der globalen Wirtschaft erkennt man schon daran, dass der wirtschaftliche Wert von Marken der Global Player oft die Grenze von einer Milliarde EUR je Marke überschreitet.
- **Prävention von zukünftigen Risiken**: Der Schutz vor Cybersquatting, Phishing und Markenpiraterie minimiert langfristige Kosten und Risiken.
- **Flexibilität für zukünftige Strategien**: Unternehmen können ihre Schutzstrategie mit der Expansion in neue Märkte oder Technologien erweitern.

20.2 Die Rolle von GlobalBlock in der digitalen Zukunft

Die digitale Landschaft entwickelt sich kontinuierlich weiter, und Unternehmen müssen sicherstellen, dass ihre Schutzmaßnahmen zukunftssicher sind. GlobalBlock bietet:

- **Erweiterte Abdeckung**: Mit der geplanten Integration von bis zu 800 TLDs wird die Lösung den Anforderungen wachsender digitaler Räume gerecht.
- **Integration neuer Technologien**: Der Schutz von Web3-Domains und Blockchain-Daten stellt sicher, dass Unternehmen auf die nächste Stufe der Digitalisierung vorbereitet sind.
- **Automatisierung und Echtzeit-Überwachung**: Moderne Technologien ermöglichen es GlobalBlock, potenzielle Bedrohungen frühzeitig zu erkennen und zu neutralisieren.

20.3 Vorteile langfristiger Nutzung

Unternehmen, die GlobalBlock langfristig einsetzen, profitieren von zahlreichen Vorteilen:

- **Kosteneffizienz**: Die zentralisierte Verwaltung und Automatisierung senken die laufenden Kosten für Markenschutz.
- **Markenstärkung**: Der kontinuierliche Schutz der Marke stärkt die Glaubwürdigkeit und das Vertrauen bei Kunden und Partnern.

- **Wettbewerbsvorteil**: Unternehmen, die proaktiv handeln, können sich von ihren Mitbewerbern abheben und neue Geschäftsmöglichkeiten erschließen.

20.4 Flexibilität für dynamische Geschäftsanforderungen

Ein großer Vorteil von GlobalBlock ist die Fähigkeit, sich an die sich ändernden Anforderungen von Unternehmen anzupassen:

- **Skalierbarkeit**: Unternehmen können ihren Schutz erweitern, um neue Märkte, Produkte oder Technologien abzudecken.
- **Reaktionsfähigkeit**: Mit Funktionen wie der Freigabe blockierter Domains können Unternehmen schnell auf neue Geschäftsmöglichkeiten reagieren.
- **Integration in globale Strategien**: GlobalBlock lässt sich nahtlos in bestehende Sicherheits- und Marketingstrategien integrieren.

20.5 Beispiele für langfristige Investitionen

Ein globaler Technologiekonzern:
Ein führendes Technologieunternehmen nutzt GlobalBlock, um seine Marke weltweit zu schützen. Die kontinuierliche Erweiterung der Abdeckung und die Integration von Web3-Domains haben dazu beigetragen, dass das Unternehmen

seine digitale Identität in neuen Märkten und Technologien stärken konnte.

Ein regionaler Einzelhändler:
Ein mittelständisches Unternehmen im Einzelhandel hat GlobalBlock eingesetzt, um seinen Markennamen langfristig zu sichern. Die zentrale Verwaltung und der Look-alike-Schutz haben dazu beigetragen, den Ruf des Unternehmens zu schützen und gleichzeitig die Kosten zu senken.

Ein aufstrebendes Start-up:
Ein junges Unternehmen im Bereich erneuerbarer Energien hat GlobalBlock als Teil seiner Markenstrategie integriert. Der Schutz von Web3-Domains und die präventive Blockierung von Cybersquatting haben es dem Start-up ermöglicht, sich auf das Wachstum zu konzentrieren, ohne sich um Markenmissbrauch sorgen zu müssen.

20.6 Nachhaltige Sicherung der digitalen Identität

Die digitale Identität ist ein wesentlicher Bestandteil jedes modernen Unternehmens. GlobalBlock hilft Unternehmen, ihre digitale Identität nachhaltig zu sichern:

- **Konsistenz über alle Plattformen**: Marken bleiben auf allen digitalen Plattformen einheitlich und geschützt.
- **Langfristige Relevanz**: Durch die Integration neuer Technologien und die Erweiterung der

Abdeckung bleibt GlobalBlock eine zukunftssichere Lösung.

- **Sicherer Markenaufbau**: Unternehmen können ihre Marke sicher aufbauen und entwickeln, ohne durch externe Bedrohungen beeinträchtigt zu werden.

GlobalBlock ist nicht nur ein Werkzeug für den aktuellen Markenschutz, sondern auch eine strategische Investition in die Zukunft. Durch die langfristige Sicherung der digitalen Identität, die Integration neuer Technologien und die Fähigkeit, sich an dynamische Geschäftsanforderungen anzupassen, bietet GlobalBlock Unternehmen die Grundlage für nachhaltigen Erfolg in einer sich ständig verändernden digitalen Welt.

Kapitel 21: Die Bedeutung von Vertrauen und Sicherheit für Marken

In der heutigen digitalen Welt ist das Vertrauen der Kunden ein entscheidender Faktor für den Erfolg des Unternehmens. Gleichzeitig ist Sicherheit ein wesentlicher Bestandteil, um dieses Vertrauen zu gewährleisten. **GlobalBlock** hilft Unternehmen, beides zu fördern, indem es Marken vor Bedrohungen schützt und eine sichere digitale Präsenz schafft.

21.1 Warum Vertrauen entscheidend ist

Vertrauen ist die Grundlage jeder erfolgreichen Geschäftsbeziehung. Kunden, Partner und Investoren verlassen sich auf die Integrität einer Marke. Mangelnde Sicherheit oder der Missbrauch eines Markennamens kann dieses Vertrauen jedoch schnell zerstören:

- **Reputationsschäden**: Betrügerische Websites oder Look-alike-Domains können den Eindruck erwecken, dass die Marke nicht in der Lage ist, ihre digitale Identität zu schützen. Dies löst Zweifel an der allgemeinen Kompetenz des Unternehmens aus. Solche Zweifel können dazu führen, dass bestehende Kunden und Investoren sich von dem Unternehmen abwenden und die Akquise neuer Kunden bzw. Investoren behindert wird.
- **Verlust von Kunden**: Kunden können auf betrügerische Seiten umgeleitet werden, was nicht nur unmittelbare Umsatzeinbußen, sondern auch

Vertrauensverluste zur Folge hat. Viele Kunden werden ungerechterweise ihre negativen Erfahrungen mit der gefälschten Seite für immer mit dem echten Unternehmen assoziieren und sicherheitshalber nicht mehr bei dem Unternehmen kaufen, um aus ihrer Sicht negative Erfahrungen präventiv auszuschließen.

- **Negative Publicity**: Sicherheitsvorfälle, die den Markennamen betreffen, können zu negativer Berichterstattung und „Shitstorms" in Sozialen Medien führen. Es droht dadurch nicht nur ein Verlust bestehender Kunden und Investoren, sondern das Marktumfeld wird dadurch so kontaminiert, dass ein Wachstum des Unternehmens in der Zukunft gravierend behindert wird.

21.2 Wie GlobalBlock Vertrauen aufbaut

GlobalBlock schützt Marken nicht nur vor Missbrauch, sondern stärkt auch das Vertrauen der Kunden, indem es eine sichere digitale Präsenz gewährleistet:

- **Präventive Maßnahmen**: Domains, die den Markennamen enthalten oder imitieren, werden blockiert, bevor sie registriert werden können.
- **Konsistenz der Marke**: GlobalBlock stellt sicher, dass Kunden die Marke leicht erkennen und sicher darauf zugreifen können.

- **Schutz vor Phishing**: Look-alike-Domains, die für Phishing-Angriffe genutzt werden könnten, werden neutralisiert, bevor sie Schaden anrichten können.

Bei erfolgreichem „Phishing" entsteht ein materieller Schaden. Es entsteht in der Regel ein Konflikt zum Beispiel zwischen Bank und Bankkunde darüber, wer wie viel vom Schaden trägt. Falls die Bank nicht den kompletten finanziellen Schaden übernimmt, bleibt beim Kunden immer ein „schales Gefühl" übrig, das zur Beendigung der Beziehung zur Bank führen kann.

21.3 Die Verbindung von Sicherheit und Markenstärke

Sicherheit ist ein zentraler Bestandteil der Markenstärke. Eine geschützte Marke vermittelt Professionalität und Zuverlässigkeit:

- **Stärkung der Kundenbindung**: Kunden bleiben einer Marke treu, wenn sie sich darauf verlassen können, dass ihre Daten und Transaktionen sicher sind.
- **Attraktivität für Partner**: Unternehmen, die ihre digitale Identität schützen, werden von Geschäftspartnern als vertrauenswürdiger wahrgenommen.
- **Langfristige Markenstärke**: Der Schutz der digitalen Identität trägt dazu bei, den Wert und die Position der Marke langfristig zu sichern.

21.4 Beispiele für den Aufbau von Vertrauen durch Sicherheit

Ein führender Online-Händler:
Ein großer Einzelhändler setzte GlobalBlock ein, um seine Marke vor betrügerischen Websites zu schützen. Die Verhinderung von Phishing-Angriffen stärkte das Vertrauen der Kunden und führte zu einer Zunahme der Online-Verkäufe.

Ein internationales Finanzinstitut:
Eine Bank nutzte GlobalBlock+, um Look-alike-Domains zu blockieren, die häufig für Betrug genutzt wurden. Die Sicherstellung einer vertrauenswürdigen digitalen Präsenz stärkte die Beziehung zu Kunden und Investoren.

Ein Start-up im Gesundheitswesen:
Ein junges Unternehmen im Bereich medizinischer Technologien setzte GlobalBlock ein, um seinen Namen in neuen Märkten zu schützen. Dies half dem Start-up, das Vertrauen von Patienten und Partnern zu gewinnen.

21.5 Vertrauen und Sicherheit in der Web3-Welt

Mit der zunehmenden Bedeutung von Web3-Technologien wird Sicherheit auch in der dezentralen digitalen Welt entscheidend:

- **Blockchain-Domains**: Durch die Blockierung von Web3-Domains wie „.crypto" oder „.eth" stellt

GlobalBlock sicher, dass Kunden nicht zukünftig auf betrügerische Seiten umgeleitet werden.

- **Schutz digitaler Identitäten**: Unternehmen können ihre digitale Präsenz in der Blockchain sicher aufbauen und so Vertrauen in ihre Marke fördern.

21.6 Langfristige Auswirkungen von Vertrauen und Sicherheit

Unternehmen, die in Sicherheit investieren, schaffen eine Grundlage für langfristiges Vertrauen und Erfolg:

- **Markenloyalität**: Kunden bleiben Marken treu, die ihre Sicherheit ernst nehmen.
- **Wettbewerbsvorteil**: Unternehmen, die Vertrauen und Sicherheit als Kern ihrer Markenstrategie etablieren, heben sich von Mitbewerbern ab.
- **Nachhaltiger Erfolg**: Eine geschützte Marke ist besser positioniert, um in einer sich ständig verändernden digitalen Landschaft zu bestehen.

Vertrauen und Sicherheit sind untrennbar mit dem Erfolg von Marken verbunden. GlobalBlock bietet Unternehmen die Werkzeuge, um ihre digitale Identität zu schützen und das Vertrauen von Kunden, Partnern und Investoren zu stärken. Durch den Schutz vor Missbrauch und die Sicherstellung einer konsistenten Markenpräsenz wird GlobalBlock zu einem unverzichtbaren Bestandteil jeder Markenstrategie.

Kapitel 22: Die Rolle von GlobalBlock in der digitalen Transformation

Die digitale Transformation ist eine treibende Kraft für Innovationen in Unternehmen und verändert die Art und Weise, wie sie mit Kunden, Partnern und Märkten interagieren. Während dieser Wandel neue Chancen eröffnet, bringt er auch neue Risiken für die digitale Identität und den Markenschutz mit sich. **GlobalBlock** bietet Unternehmen eine unverzichtbare Lösung, um ihre Marke während der digitalen Transformation zu schützen und gleichzeitig ihre Innovationskraft zu unterstützen.

22.1 Was ist digitale Transformation?

Digitale Transformation bezeichnet den Einsatz digitaler Technologien, um bestehende Geschäftsprozesse, Geschäftsmodelle und Kundenerfahrungen grundlegend zu verbessern. Sie umfasst:

- **Neue Geschäftsmodelle**: Unternehmen nutzen digitale Plattformen und Technologien, um neue Einnahmequellen zu erschließen.
- **Kundenzentrierung**: Personalisierte und nahtlose Kundenerfahrungen werden durch den Einsatz digitaler Technologien ermöglicht.
- **Effizienzsteigerung**: Automatisierung und Digitalisierung von Prozessen reduzieren Kosten und verbessern die Agilität.

22.2 Herausforderungen des Markenschutzes während der Transformation

Während der digitalen Transformation stehen Unternehmen vor neuen Herausforderungen im Markenschutz:

- **Erweiterte Angriffsflächen**: Mit neuen digitalen Plattformen und Technologien entstehen zusätzliche Angriffsflächen für Markenmissbrauch.
- **Integration neuer Technologien**: Web3, Blockchain-Domains und dezentrale Plattformen erfordern neue Schutzstrategien.
- **Globale Reichweite**: Unternehmen, die in neue Märkte expandieren, müssen ihre Marke in verschiedenen rechtlichen und kulturellen Kontexten schützen.

22.3 Wie GlobalBlock die digitale Transformation unterstützt

GlobalBlock bietet eine umfassende Lösung, die Unternehmen während der digitalen Transformation unterstützt:

- **Flexibler Schutz**: Marken können in klassischen sowie in neuen digitalen Umgebungen wie Web3 geschützt werden.
- **Skalierbarkeit**: Der Schutz kann einfach an die sich ändernden Anforderungen und den Umfang der Transformation angepasst werden.

- **Proaktive Bedrohungsabwehr**: Domains, die potenzielle Risiken darstellen, werden blockiert, bevor sie Schaden anrichten können.

22.4 Förderung von Innovation durch Sicherheit

Sicherheit ist ein zentraler Faktor, um Innovation zu fördern und neue Technologien effektiv zu nutzen:

- **Schutz von Innovationen**: Neue Produkte und Dienstleistungen können sicher eingeführt werden, ohne dass die Marke durch Cybersquatting oder Phishing gefährdet wird.
- **Vertrauensförderung**: Kunden und Partner sind eher bereit, neue digitale Angebote zu nutzen, wenn die Marke geschützt ist.
- **Stärkung der Wettbewerbsfähigkeit**: Durch den Schutz der digitalen Identität können Unternehmen schneller und sicherer auf Marktveränderungen reagieren.

22.5 Beispiele aus der Praxis

Ein Technologiekonzern in der Blockchain-Industrie:
Ein führendes Unternehmen setzte GlobalBlock ein, um seine Web3-Domains während der Einführung eines Blockchain-basierten Zahlungssystems zu schützen. Die Lösung ermöglichte es dem Unternehmen, sicher zu expandieren und gleichzeitig das Vertrauen der Kunden zu stärken.

Ein Einzelhändler mit globaler Präsenz: Ein internationaler Einzelhändler nutzte GlobalBlock, um Look-alike-Domains zu blockieren, die während der Einführung eines neuen E-Commerce-Plattformmodells registriert wurden. Dies bewahrte das Unternehmen vor Reputations- und Umsatzverlusten.

Ein Start-up im Bereich digitaler Gesundheitsdienste: Ein innovatives Gesundheits-Start-up sicherte mit GlobalBlock seine digitale Identität, während es neue Plattformen für Telemedizin einführte. Der Schutz der Marke half, das Vertrauen der Patienten zu gewinnen und die Akzeptanz neuer Technologien zu fördern.

22.6 Langfristige Vorteile für die digitale Transformation

Die Integration von GlobalBlock in die digitale Transformationsstrategie bietet Unternehmen langfristige Vorteile:

- **Zukunftssicherheit**: Unternehmen können ihre Marke effektiv in traditionellen und neuen digitalen Umgebungen schützen.
- **Effizienzsteigerung**: Automatisierte Schutzmaßnahmen reduzieren den Aufwand und die Kosten für den Markenschutz.
- **Vertrauensaufbau**: Eine geschützte Marke stärkt das Vertrauen von Kunden und Partnern und unterstützt den Erfolg der Transformation.

Die digitale Transformation eröffnet Unternehmen neue Möglichkeiten, birgt aber auch Risiken für ihre Marke und digitale Identität. GlobalBlock bietet eine flexible, skalierbare und zukunftssichere Lösung, die Unternehmen dabei unterstützt, diese Herausforderungen zu meistern und ihre Innovationskraft zu fördern. Durch den Schutz der digitalen Identität wird die digitale Transformation zu einer sicheren und erfolgreichen Reise.

Kapitel 23: Die Rolle von Automatisierung in GlobalBlock

Die steigende Komplexität der digitalen Landschaft und die zunehmenden Bedrohungen für Marken erfordern innovative Technologien, um Unternehmen effizient und nachhaltig zu schützen. **GlobalBlock** setzt auf Automatisierung und künstliche Intelligenz (KI), um Markeninhabern eine leistungsstarke Lösung für den Schutz ihrer digitalen Identität zu bieten.

23.1 Warum Automatisierung und KI entscheidend sind

Die Verwaltung und der Schutz von Marken im digitalen Raum erfordern schnelle und präzise Entscheidungen. Automatisierung und KI bieten entscheidende Vorteile:

- **Skalierbarkeit**: Große Domainportfolios können effizient verwaltet werden, unabhängig von ihrer Größe.
- **Schnelle Reaktion**: Automatisierte Systeme erkennen und blockieren Bedrohungen in Echtzeit.
- **Präzision**: KI-gestützte Algorithmen können mögliche Look-alike-Domains und andere Bedrohungen mit hoher Genauigkeit identifizieren.

23.2 Automatisierte Funktionen in GlobalBlock

GlobalBlock nutzt Automatisierung, um den Schutz von Marken zu optimieren:

- **Priority AutoCatch**: Automatische Erfassung und Blockierung von Domains, die mit der Marke übereinstimmen, sobald sie nach einer Löschung verfügbar werden.
- **Look-alike-Erkennung**: Automatische Identifikation und Blockierung von Domains, die ähnlich wie der Markenname aussehen, um Phishing-Angriffe zu verhindern.
- **Berichterstattung und Analysen**: Automatisierte Reports bieten Einblicke in den Schutzstatus und identifizieren potenzielle Risiken.

23.3 Der Einsatz von KI in GlobalBlock

Künstliche Intelligenz ergänzt die Automatisierung durch fortschrittliche Analyse- und Entscheidungsfunktionen:

- **Mustererkennung**: KI-Algorithmen analysieren Domains und identifizieren potenzielle Bedrohungen basierend auf Mustern und Verhaltensweisen.
- **Prognosen**: KI kann zukünftige Bedrohungen vorhersagen, indem sie Trends und neue Angriffsmuster analysiert.
- **Anpassungsfähigkeit**: Die Systeme lernen kontinuierlich und passen sich an neue Bedrohungen und Technologien an.

23.4 Vorteile von Automatisierung für Unternehmen

Der Einsatz von Automatisierung und KI durch GlobalBlock und GlobalBlock+ bietet Unternehmen mehrere entscheidende Vorteile:

- **Effizienz**: Wiederholende Aufgaben wie die Erkennung und Blockierung von Domains werden automatisiert, wodurch Ressourcen geschont werden.
- **Kostensenkung**: Durch die Reduzierung manueller Eingriffe und die Vermeidung von Bedrohungen werden Kosten gesenkt.
- **Schnelligkeit**: Bedrohungen werden in Echtzeit erkannt und neutralisiert, bevor sie Schaden anrichten können.

23.5 Beispiele für die Anwendung von Automatisierung und KI

Ein führender Technologiekonzern:
Ein internationaler Technologiekonzern nutzte die automatisierten Funktionen von GlobalBlock, um Look-alike-Domains in Echtzeit zu blockieren. Dies verhinderte mehrere Phishing-Angriffe und stärkte das Vertrauen der Kunden.

Ein globaler Einzelhändler:
Ein großer Einzelhändler setzte KI-gestützte Analysen ein, um neue Trends im Cybersquatting zu erkennen. Die

Erkenntnisse halfen, die Schutzstrategie anzupassen und zukünftige Bedrohungen zu verhindern.

Ein mittelständisches Unternehmen:
Ein regional tätiges Unternehmen nutzte die automatisierte Berichterstattung von GlobalBlock, um den Schutzstatus seiner Marke zu überwachen und schnell auf neue Bedrohungen zu reagieren.

23.6 Die Zukunft der Automatisierung und KI im Markenschutz

GlobalBlock investiert kontinuierlich in die Weiterentwicklung seiner Technologien, um Unternehmen noch besser zu schützen:

- **Integration neuer KI-Modelle**: Fortschrittliche Algorithmen verbessern die Erkennung von Bedrohungen und die Vorhersage von Risiken.
- **Erweiterte Automatisierung**: Neue Funktionen ermöglichen eine noch einfachere Verwaltung großer Domainportfolios.
- **Kombination mit Blockchain-Technologien**: KI und Automatisierung werden zunehmend in den Schutz von Web3-Domains integriert.

Automatisierung und künstliche Intelligenz sind Schlüsseltechnologien, die GlobalBlock zu einer effektiven und zukunftssicheren Lösung für den Markenschutz machen. Durch den Einsatz dieser Technologien können Unternehmen Bedrohungen effizient erkennen, neutralisieren und sich auf ihr Kerngeschäft konzentrieren. Die kontinuierliche Weiterentwicklung dieser Funktionen stellt sicher, dass GlobalBlock den wachsenden Anforderungen der digitalen Welt gewachsen bleibt.

Kapitel 24: Mit GlobalBlock+ das Internet beherrschen

Wenn GlobalBlock bis zu 800 Domainendungen blockieren kann, kontrolliert die Lösung die Mehrheit der wichtigen Domainendungen weltweit. Mit **GlobalBlock+** wird dieser Schutz noch weiter ausgebaut: Sie blockieren nicht nur Ihre Marken oder Firmennamen, sondern zehntausende Varianten davon. Dies beinhaltet Schreibfehler, Look-alike-Domains und weitere ähnliche Begriffe, die potenziell für Phishing oder Markenmissbrauch genutzt werden könnten.

Wer sich für GlobalBlock+ entscheidet, beherrscht für seine relevanten Begriffe das Internet. Die Technologie dahinter basiert auf Künstlicher Intelligenz (KI), die kontinuierlich potenzielle Bedrohungen analysiert, neue Angriffsmuster erkennt und frühzeitig darauf reagiert.

24.1 Wie GlobalBlock+ Kontrolle schafft

GlobalBlock+ bietet Unternehmen nicht nur Schutz, sondern die Möglichkeit, ihre digitale Präsenz aktiv zu dominieren:

- **Umfassende Abdeckung**: Mit zukünftig bis zu 800 unterstützten Domainendungen deckt GlobalBlock+ die wichtigsten digitalen Räume ab. Darunter ist auch die com-Domain, die info-Domain, die biz-Domain und die Club-Domain.

- **Automatisierte Erkennung**: KI-basierte Systeme identifizieren und blockieren potenzielle Bedrohungen in Echtzeit.
- **Flexibilität bei der Nutzung**: Blockierte Domains können für spezifische Projekte oder Kampagnen reaktiviert werden, was zusätzliche strategische Möglichkeiten eröffnet.

24.2 Vorteile für Markeninhaber

Die Fähigkeit, nicht nur eine Marke, sondern auch zehntausende Varianten davon zu blockieren, stärkt die Position von Markeninhabern erheblich:

- **Sicherstellung der digitalen Integrität**: Ihre Marke bleibt konsistent und geschützt vor Missbrauch.
- **Vertrauensaufbau**: Kunden können sicher sein, dass sie auf die echte Marke zugreifen.
- **Strategische Dominanz**: Mit GlobalBlock+ haben Sie die Kontrolle über die für Ihr Unternehmen wichtige Begriffe und deren Varianten im Internet.

24.3 Zukunftssicherheit durch KI

Die Nutzung von Künstlicher Intelligenz macht GlobalBlock+ zu einer zukunftssicheren Lösung:

- **Lernende Systeme**: Die KI verbessert sich kontinuierlich, um neuen Bedrohungen und Angriffsmustern zuvorzukommen.

- **Effizienzsteigerung**: Automatisierte Prozesse reduzieren den Verwaltungsaufwand und sorgen für einen nahtlosen Schutz.
- **Innovation fördern**: Durch den umfassenden Schutz können Unternehmen sicher neue digitale Strategien umsetzen.

Mit GlobalBlock+ erhalten Markeninhaber nicht nur Schutz, sondern die volle Kontrolle über ihre digitale Präsenz. Die Kombination aus umfassender Abdeckung und KI-gestützter Technologie macht es möglich, das Internet für relevante Begriffe effektiv zu beherrschen und die digitale Marke nachhaltig zu stärken.

Kapitel 25: Markenschutz durch Künstliche Intelligenz

Im digitalen Zeitalter, in dem Markenidentität und Online-Präsenz für Unternehmen entscheidend sind, steigt auch das Risiko von Phishing, Markenmissbrauch und Cyberangriffen.

Mit GlobalBlock+ bietet eine innovative Lösung umfassenden Schutz für Marken- und Firmennamen – basierend auf modernster Technologie und Künstlicher Intelligenz (KI).

Die Herausforderung: Markenmissbrauch im Internet

Cyberkriminelle nutzen zunehmend Domains, die etablierten Marken ähneln, um ahnungslose Nutzer zu täuschen. Ob durch gezielte Schreibfehler, sogenannte Typosquatting-Domains, oder durch Look-alike-Domains mit ähnlichen Zeichen – die Möglichkeiten für Phishing-Angriffe und Markenmissbrauch sind vielfältig. Unternehmen stehen vor der schwierigen Aufgabe, ihre Marke und deren Ruf in einem unübersichtlichen digitalen Ökosystem zu schützen.

GlobalBlock+: Mehr als nur Domainblockierung

GlobalBlock bietet bereits die Möglichkeit, bis zu 600 Domainendungen weltweit zu blockieren und damit die Kontrolle über die wichtigsten Domainendungen zu übernehmen. Mit der erweiterten Lösung **GlobalBlock+** geht der Schutz noch weiter: Neben den ursprünglichen

Markennamen blockiert die Technologie zehntausende Varianten, die von Cyberkriminellen genutzt werden könnten. Dazu zählen:

- Schreibfehler und Variationen des Markennamens
- Domains mit ähnlicher Optik (z. B. durch den Einsatz von Homoglyphen wie „0" statt „O")
- Begriffe, die mit der Marke assoziiert werden könnten
- Übersetzungen der Marke in fremde Sprachen

Die Rolle der <u>Künstlichen Intelligenz</u>

Der Kern von GlobalBlock+ liegt in der smarten Nutzung von KI. Die Technologie analysiert kontinuierlich das Internet nach potenziellen Bedrohungen und erkennt neue Angriffsmuster frühzeitig. Dabei kommen Algorithmen zum Einsatz, die Schreibvariationen, sprachliche Besonderheiten und neue Trends im Cybercrime identifizieren. Dies ermöglicht:

1. **Frühwarnung**: Die KI erkennt verdächtige Domains oder Begriffe, bevor diese aktiv genutzt werden.
2. **Automatisierte Reaktion**: Neue Bedrohungen werden automatisch in den Schutzumfang aufgenommen.
3. **Effizienz**: Unternehmen sparen Zeit und Ressourcen, da die KI eigenständig Bedrohungen bewertet und Maßnahmen ergreift.

Vorteile für Unternehmen

Wer sich für GlobalBlock+ entscheidet, erhält einen umfassenden Schutz für die digitale Markenidentität. Unternehmen können sicherstellen, dass potenziell gefährliche Domains nicht für Angriffe auf ihre Kunden oder ihren Ruf genutzt werden. Darüber hinaus bietet GlobalBlock+ ein hohes Maß an Kontrolle: Mit einem einzigen Tool behalten Firmen die Übersicht über ihre Online-Präsenz und dominieren ihre relevanten Begriffe im Internet.

Mit der Kombination aus leistungsfähiger Domainblockierung und Künstlicher Intelligenz revolutioniert GlobalBlock+ den Schutz von Marken und Firmennamen im digitalen Raum. Diese Lösung gibt Unternehmen die Sicherheit, die sie brauchen, um sich auf ihr Kerngeschäft zu konzentrieren – ohne die ständige Sorge um Cyberangriffe oder Markenmissbrauch. GlobalBlock+ ist nicht nur eine Technologie, sondern ein entscheidender Schritt in Richtung eines sichereren Internets für Marken und ihre Kunden.

Kapitel 26: Der Premilinary Report zeigt, wie Ihre Marken oder Firmenname geschützt sein werden

Wenn es um den Schutz Ihrer Marke oder Ihres Firmennamens geht, möchten Sie sicher sein, dass Sie das richtige Produkt wählen. **GlobalBlock** und **GlobalBlock+** bieten genau das: umfassenden Schutz Ihrer Marke in der digitalen Welt. Doch wie können Sie sich sicher sein, dass das Produkt Ihren Anforderungen entspricht, bevor Sie es erwerben?

Die Antwort lautet: **Preliminary Report**.

Was ist der Preliminary Report?

Der Preliminary Report ist eine ausführliche Analyse, die Sie vor dem Kauf von GlobalBlock oder GlobalBlock+ erhalten können. Er zeigt Ihnen im Detail, wie das Produkt Ihre Marke oder Ihren Firmennamen schützt. Zu den wichtigsten Informationen, die der Report liefert, gehören:

1. **Anzahl der geschützten Domains**: Sie erfahren, in wie vielen Domainendungen Ihre Marke geschützt wird.
2. **Varianten Ihrer Marke**: Der Report zeigt, wie viele Varianten Ihrer Marke oder Ihres Firmennamens abgedeckt werden.
3. **Bestehende Domainregistrierungen**: Sie erhalten eine Übersicht darüber, welche Domains mit Ihrer Marke bereits registriert sind.

4. **Hinweise zu veröffentlichten Webseiten**: Falls eine Webseite unter einer registrierten Domain existiert, gibt der Report erste Hinweise auf ihren Inhalt.
5. **Registrar-Informationen**: Sie sehen, welcher Registrar für eine bestimmte Domain zuständig ist.
6. **Relevanz für rechtliche Schritte**: Falls Sie rechtliche Maßnahmen gegen Dritte ergreifen müssen, die Ihre Marke missbrauchen, liefert der Report wertvolle erste Anhaltspunkte.

Warum ist der Preliminary Report wichtig?

Für Unternehmen ist der Schutz der Marke essenziell, um den Ruf und die Identität zu wahren. Der Preliminary Report bietet Ihnen nicht nur Transparenz darüber, wie GlobalBlock und GlobalBlock+ Ihre Marke absichern, sondern liefert auch nützliche Daten, die Ihnen helfen können, potenzielle Markenrechtsverletzungen frühzeitig zu erkennen und zu adressieren.

Ein Beispiel aus der Praxis

Zur Veranschaulichung wurde ein Preliminary Report mit dem Beispiel „Oswald" erstellt. Dieser Report zeigt, wie eine Marke in verschiedenen Domains geschützt wird und gibt Einblicke in bestehende Registrierungen. Da dieser Beispiel-Report zu Demonstrationszwecken erstellt wurde, basiert er auf dem eigenen Namen.

Den vollständigen Report können Sie unter diesem Link herunterladen:

https://cdn.pressebox.de/a/ef56452eee27fae7/attachments /1512696.attachment/filename/Preliminary-Report-GlobalBlockPlus-oswald.pdf

Wie können Sie Ihren Preliminary Report anfordern?

Die Anforderung eines Preliminary Reports ist einfach:

- **Für Marken**: Senden Sie eine E-Mail an **secura@domainregistry.de** und fügen Sie aus rechtlichen Gründen eine Kopie Ihrer Marke bei.
- **Für Firmennamen oder prominente Namen**: Ein Nachweis ist in diesem Fall nicht erforderlich.

Mit GlobalBlock und GlobalBlock+ kaufen Sie nicht „die Katze im Sack". Dank des Preliminary Reports wissen Sie genau, wie Ihre Marke oder Ihr Firmenname geschützt wird. Sie erhalten Klarheit und können so fundierte Entscheidungen treffen, um Ihre digitale Präsenz abzusichern.

Zögern Sie nicht und fordern Sie noch heute Ihren persönlichen Preliminary Report an!

Impressum:
Bibliografische Information der Deutschen
Nationalbibliothek:
Die Deutsche Nationalbibliothek verzeichnet diese
Publikation in der Deutschen Nationalbibliografie;
detaillierte bibliografische Daten sind im Internet
über dnb.dnb.de abrufbar.

Copyright: © Hans-Peter Oswald

Verlag: BoD · Books on Demand GmbH,
In de Tarpen 42, 22848 Norderstedt, bod@bod.de
Druck: Libri Plureos GmbH, Friedensallee 273,
22763 Hamburg

ISBN: **978-3-7597-5298-7**